JN301791

（英語）授業改革論

田尻 悟郎 著

教育出版

はじめに

　26年間勤務した中学校の教育現場を離れ，大学に来て2年半が経つ。大学の授業は大変である。2009年度は，教職の授業が大学院を含めて4種類5コマ，いわゆる一般教養の英語に相当する外国語科目の英語が3種類3コマ。90分×7種類＝630分の授業を準備するのは，半端ではない。とにかく時間がかかる。出席確認だけでも大変なのに，提出物などを課すと，事後処理で家庭での自由時間がなくなる。

　関西大学では2009年春に外国語学部が新設され，一方で教職科目の見直しも行っているので，私の担当科目も固定せず，「これで4年間，いい形で授業を流せる！」というものがまだできていない。全体像が見えない中で授業をすることは，実に辛い。したがって，授業の準備が五里霧中の中であがいているようなものであり，時間がかかる。つながりがあって，刹那的でない授業を作ることの大変さを，改めて感じている。持っている技術をちりばめていけばそれなりに授業はできるが，それでは最終的に何ができるようになるかが見えなくなる。まさにこの本で書いた「日本の英語教育の問題点」を，地でいっている感じだ。

　私は「（中学校という学校）現場を離れられてどうですか？」とよく聞かれるが，「私は大学という教育現場でもがきながら授業をしています！」とムキになって答えてしまう。それぐらい，授業の準備では苦労する。授業の前日は，緊張でぴりぴりしている。この緊張感がいつまで続くのだろうかと思う。

　入学金，授業料，施設充実費などを合計して，卒業単位数を確保するための授業数で割ってみると，文学部や法学部の学生は1コマ2千数百円，工学部や総合情報学部の学生は4千円を超える授業料を払っていることが分かった。授業者としては，その金額に見合った授業をしなければと思う。「先輩から聞いて，この授業を取りました」などと言われると，なおいっそう重荷を感じる。「先生の授業が受けたくて，関西大学に来ました」という言葉に至っては，文字通り"殺し文句"であり，これから最低4年間，その学生の期待に応え続け

なければならないと思い，固唾をのんで引きつった笑顔で対応してしまう。

　だからこそ，いい授業がしたい。学生が深く思考し，工夫し，討論し，トレーニングし，唸り，ガッツポーズを取るような授業をしたい。大学では授業がすべてだ。学生がキャンパスや街で声をかけてくれたり，授業後相談をしに来てくれるかどうかは，授業で決まる。授業とは，人間関係作りの場であることを大学に来てからより強く感じるようになった。

　先生方も同じように，悩み，苦しみ，もがいておられるのだと思う。だから，この本を手に取られたのだろう。こうすれば授業はうまくいくという方法を見つけるには，20年以上の継続した努力が必要だと思う。それぐらい授業は深くて難しい。最近のように，大人を敬うことを知らない子どもが増えてくると，よけいに難しくなる。どうすれば生徒が言うことを聞いてくれるか。どうすれば授業が終った後に満足感を得られる授業ができるか。本書は，その願いを少しでもかなえられるようにと思って書いた。もちろん，これで完結ではない。もっともっとお伝えしたいことがある。私は，口うるさい職員室のおっさんベテラン教師の年齢になったから。

　本書を刊行するにあたって，いろいろな面でご協力いただいた方々，とりわけ遅々として進まない執筆状況を心配しつつ耐え続けてくださった青木佳之氏には，心よりお礼を申し上げたい。

　また，私は授業の合間をぬって，小学校，中学校，高等学校などを回る。この2年半だけでも150回は授業を見せていただいた。そして，40回ほど飛び込み授業をさせていただいた。そこから学んだことは，大きな財産になっている。そのような機会を提供してくださった先生方，学校の皆様に心から感謝の言葉を述べたい。

　「ありがとうございました。そして，またお邪魔させてください。」

　　2009年秋の夜　大学の個人研究室にて

　　　　　　　　　　　　　　　　　　　　　　　　　　　田　尻　悟　郎

目 次

はじめに

第1章　固定概念をリセットする … 1
1.1. 教科書って必要？ … 1
  1.1.1　教科書を分析する … 1
  1.1.2　教えるだけの授業から確認する授業へ … 5
  1.1.3　教科書を使わないからこそ見えるもの … 7
1.2. 板書って必要？ … 9
  1.2.1　板書の時間を計算してみる … 9
  1.2.2　何のために板書を書き写させるのか … 10
  1.2.3　「板書の時間がもったいない」は本当か？ … 12
1.3. 教師の説明は必要？ … 15
  1.3.1　生徒は説明を理解できているか？ … 15
  1.3.2　説明にはタイミングがある … 16
  1.3.3　説明で始まる授業をやめる … 18
1.4. 説明は全員に聞かせないといけないの？ … 21
  1.4.1　「先生，僕も聞かんといけませんか？」… 21
  1.4.2　適切な言葉選び … 23
  1.4.3　ガイドブックを使ってはいけないの？ … 25
1.5. 先生って何のためにいるの？ … 26
  1.5.1　「先生，邪魔！」… 26
  1.5.2　生徒が主役だと先生は邪魔になる?! … 28
1.6. 予習って必要？ … 30
  1.6.1　予習は英語力アップに役立つのか？ … 30
  1.6.2　「理解」「習熟」「応用」のバランス … 32

1.6.3　理解と暗記はワンセット ……………………………… *35*
　　1.6.4　「習熟」と「応用・発展」の授業をめざす ………… *37*

第2章　到達目標と年間指導計画 ……………………………… *43*
　2.1.　生徒の到達度をどう測るか ………………………………… *43*
　　2.1.1　生徒の到達目標は設定されているか ………………… *43*
　　2.1.2　生徒の到達度は点数化できる ………………………… *45*
　2.2.　評価の仕方は正しい？ ……………………………………… *46*
　　2.2.1　評価基準を考える ……………………………………… *46*
　　2.2.2　成績のつけ方・テストの仕方は正しい？ …………… *47*
　　2.2.3　「評価の仕方」で授業が変わる ……………………… *50*
　2.3.　学期ごとの目標設定 ………………………………………… *55*
　　2.3.1　目標設定のポイント1　夢を持ち，逆算せよ ……… *55*
　　2.3.2　目標設定のポイント2　教科書を分析せよ ………… *56*

第3章　授業改善の視点 …………………………………………… *59*
　3.1.　伸長感・達成感・満足感
　　　　～やる気の素を与えているか？～ ………………………… *59*
　3.2.　間違うからこそ伸びる ……………………………………… *61*
　3.3.　点と線　～単発型の学習からリニアな学習へ～ ………… *64*
　3.4.　英語学習の段階 ……………………………………………… *71*
　3.5.　4つの学習形態（個人・ペア・グループ・全体）と
　　　　習熟度別学習 ………………………………………………… *74*
　　3.5.1　日米の「習熟度」の違い ……………………………… *74*
　　3.5.2　教師の視線をどこに置くべきか ……………………… *76*
　3.6.　ティームティーチングの Do's and Don'ts ……………… *79*
　　3.6.1　1人では，できないこと ……………………………… *79*
　　3.6.2　1人ではないから，やってはいけないこと ………… *80*

3.6.3　ALTにはドクター役こそふさわしい ································ 82

第4章　家庭学習のさせ方 ·· 86
　4.1.　家庭学習を体験させる ·· 86
　　4.1.1　学習者の努力こそ英語力の源 ·· 86
　　4.1.2　家庭学習の「やり方」を授業で教える ······························ 87
　4.2.　細かいチェックと手書きのコメント
　　　　　～教師の本気が生徒のやる気を生む～ ···························· 94
　4.3.　学習の段階をチェックさせる
　　　　　～Category A～Dの見極めとCan Doリスト～ ············· 97
　4.4.　成績の透明化 ·· 99
　4.5.　ライティング指導 ··· 101
　　4.5.1　ライティングは「語順」が鍵 ·· 101
　　4.5.2　キーセンテンスからライティングへ ·································· 103
　4.6.　頭と心が動く授業との連動 ··· 108
　　4.6.1　授業を家庭学習の起点に ··· 108
　　4.6.2　家庭学習を促す授業の条件 ·· 111

第5章　学習者心理を考える ·· 115
　5.1.　生徒の疑問にヒントがある ··· 115
　　5.1.1　生徒の素朴な質問1
　　　　　　「なぜ英語を勉強しないといけないの？」 ························ 115
　　5.1.2　生徒の素朴な質問2
　　　　　　「なぜ字はていねいに書かないといけないの？」 ············· 116
　5.2.　指名の仕方は正しいか？ ··· 118
　　5.2.1　「誰でもいいから，何でもいいから発言しなさい」 ············· 119
　　5.2.2　「じゃあ，○○君」 ··· 121
　　5.2.3　「はい，じゃあ，おまえ」 ··· 122
　　5.2.4　「はい，ではこの列から言ってください」 ·························· 123

5．2．5　「じゃあ，出席番号○番の人」 ································· *125*
5．3．個別指導の距離 ··· *127*
　5．3．1　2人だけの世界 ··· *127*
　5．3．2　「先生，先生，先生」 ··· *129*
5．4．活動の意外な落とし穴 ··· *130*
　5．4．1　「読み終った人から座りなさい」 ······································· *130*
　5．4．2　Open your textbook to page 12. ··································· *131*
　5．4．3　「クリスクロス」 ··· *132*
5．5．話し合い活動ができるためには ··· *134*
　5．5．1　指導案どおりの授業は正しい？ ······································· *134*
　5．5．2　深く思考させるには ··· *135*

第6章　支え合う学習集団作り ·· *140*

6．1．なぜ教え合いをするのか
　　　～教師の限界と fast learners～ ·· *140*
6．2．トップ層を育てる　～学習者心理と教え合い～ ······················· *143*
6．3．ティーチャー制度　～関わり合いのシステム作り～ ················ *145*
6．4．ペア作り・グループ作り
　　　～生徒の人間関係と教え合い～ ·· *148*
6．5．問題は目の前で起こさせる
　　　～生徒指導のチャンスを作る教え合い～ ···························· *150*
6．6．教え合いの楽しさ ··· *156*
6．7．英語教室をつくろう
　　　～資料活用能力とファイリング能力～ ······························· *158*
6．8．リーダーとは何か？
　　　～日本の未来を支えるトップ層を育てる～ ·························· *161*

第1章

固定概念をリセットする

　皆さんは，次のような質問をされたらどう答えられるだろうか。それぞれ理由を添えて答えてみていただきたい。

> Q1．教科書って必要ですか？
> Q2．板書って必要ですか？
> Q3．教師の説明って必要ですか？
> Q4．説明は全員に聞かせないといけませんか？
> Q5．英語の先生って何のためにいるんですか？
> Q6．予習って必要ですか？

1.1. 教科書って必要？

1.1.1　教科書を分析する

　ある数学の先生がこうおっしゃったことがある。

「なあ，何で英語の先生って，あんなに教科書にこだわるん？　数学なんて，教科書なくても授業できるで。入試を見れば，何を教えなあかんか分かるからな。英語の先生って，教科書がないと授業でけへんの？」

　確かに，英語の教員は他教科と比べて教科書に固執する傾向があるようだ。教科書を終えなければ，テストの範囲を合わせなければという強迫観念にとらわれている教員は，客車の連結器が次々と離れていくのにしゃにむに突っ走る機関車のように，生徒を置き去りにすることが多い。

　そこであえてこの質問をしてみたい。「教科書って必要ですか？」

1

多くの先生方は，この質問に対して，えっという顔をされる。教師の常識からいえば，教科書があることは当然である。しかし，「なぜ必要なのですか？」と聞かれると，言葉につまってしまう。さらに追い打ちをかけるように，「新しい法律ができて，『教科書は一切使ってはいけない。自分で作りなさい』と言われたら，どうしますか？」と尋ねると，ここで初めて先生方は，「自作の教科書に何と何を盛り込まねばならないか」を考え始められる。「中1では何を教えなければいけないのか，中2では，中3では？」と。

　ところが，そうやって改めて洗い直そうとすると出てこない。たとえば，多くの教科書では中2で扱っている文法事項は9つ（以上）あるのだが，それをすべて言える教員は多くはない。

　教科書には，その学年のその教科で教えなければいけない事がらが余さず盛り込まれている。当たり前だと思うかもしれないが，その当たり前に頼り切っているがゆえに，先生方は教科書依存症になってしまっているように思う。教科書に何と何が（付け加えればどんな意図で）載っているのか，検証している先生は少ないと思われる。英語でいえば，先ほど出てきた中2の文法事項9つが言えない先生でも，教科書を最後までこなせばちゃんと9つ全部教えることができるようになっている。終着駅が分からないままでも，各駅停車で1ページ1ページ進んでいけば，知らず知らずに職務を全うできてしまう。そこが，教科書のすごいところであり，怖いところでもある。

　偉そうなことを書いている私も，かつては教科書の作りなど考えたこともなく，教員になってから数年は，授業に向かう廊下で初めてその日に教えるページを開く始末だった。私は神戸市で教職をスタートし，公立中学校2校に合計9年間勤務したが，その当時はろくな授業ができなかった（同窓会に行くたびに責められます！）。教科書も本文の和訳と分析が中心で，黒板に書いたまとめを書き写させることが多かったように思う。

　何が私を変えるきっかけになったか。

私は9年間におよぶ神戸市内の市立中学校2校での勤務を終え、故郷である島根県に帰った。神戸市では野球部の顧問をし、ほとんど年中無休状態で練習と試合に明け暮れていた。まさに、部活動のための教員生活だったが、島根に帰って最初の学校では野球部を持たせてもらえなかった。これは「本業の英語をもうちょっとしっかり勉強しなさい」という神の思し召しだと思い、島根に帰って最初の夏休みに松江市教育センターで開催された英語科指導法研修会に参加した。そこで講師をなさっていたのが、当時島根大学教育学部で助教授として教鞭を執っていらっしゃった築道和明（現広島大学教授）先生だった。
　築道先生は、「理論中心の大学と実践中心の現場の先生方が協力して、英語教育をよりよいものにしていきましょう」と訴えられ、そのために自分の研究室を開放して、月1回有志で勉強会をすることになった。それが、私が本格的に英語授業研究をするきっかけになった。築道先生に出会っていなければ、私は英語授業研究にあれほどのめり込むことはなかったと思う。まさに、恩人である。
　この勉強会の参加資格は1つ。何か発表ネタを作って持参することであった。だから毎日授業を工夫し、授業を振り返り、気がついたことをすぐにメモするようにした。この研究会は13年続き、その間、私も数百のレポートを作った。
　築道先生には、授業に関するアイディアや、発表の場をいただくだけでなく、たくさんのすばらしい先生方を紹介していただいた。中でも大分大学の柳井智彦先生には、自学システムを教えていただき、中学校勤務時代の私のライフワークとなった。

　次に、私に大きな影響を与えてくれた2人のALT（Assistant Language Teacher 外国人英語指導助手）との出会いがあった。まずは、島根に帰って最初に勤務した中学校で2人目のALTとして一緒に働いたMary Catherine Marciniac先生、通称"MC"である。
　MCは明るくて聡明なカナダ人女性で、大学ではESL（＝ English as a Second Language／第二外国語としての英語教育）を専攻していた本格派で

あった。私は中学校で18人のALTとティームティーチングをしたが，MCはその中で唯一，大学で英語教授法を学んできた人だった。assistantではなく，私のsupervisorであり，mentorであった。彼女は特に文法項目の教え方や順番などに関して，日本の教科書と先生方の教え方を見て，これではなかなか生徒は英語ができるようにはならないだろうと思っていたようだ。休日に近隣の学校の先生方に呼びかけて勉強会を開くほどで，英語教師としての姿勢や英語の教え方など，彼女からはたくさんのことを学んだ。

もう1人は，島根に帰って2校目に勤務した島根町立野波中学校でのALT，コンノマサキである。

彼は日系カナダ人で，プロフットボールのドラフト選手。背骨を痛めてフットボールを断念し，ご両親のふるさとである日本に英語指導助手としてやってきた。性格明朗，運動大好き，生徒大好き，そして社交性抜群。皆に愛され，土日も生徒が遊びに行くぐらい人気があった。

彼は何でも楽しむ才能を持っており，授業も例外ではなかった。とにかく，楽しかった。ハロウインの授業ではセーラームーンに扮し（なぜセーラームーンの扮装がハロウインの魔除けになるかは不明だが），クリスマスは感動的なビデオを見せた後でパーティーをし，天気がいいと生徒を連れ出し野外授業。校庭にラインを引いて英語でフットボールを教えて体験させたり，コンサートで来日していた世界的に有名なレゲエバンドのメンバーを「給食が食べられる」ことを餌に学校に連れてきたりなど，破天荒な授業スタイルだった。契約が満了して本国に帰るALTを連れてきて，彼の冷蔵庫に残っていた食材を持ってきてむちゃくちゃな料理を作ったこともあった。私も若かったからこそ彼と一緒にそんな授業ができたのだと思う。今なら理性（？）が働いて，ストップをかけてしまうかもしれない。校長先生や教頭先生，教務主任の先生は，相当頭を痛めながら私とマサキを自由に動かしてくださった。迷惑をかけっぱなしだったこれらの先生方に対して，今でも感謝の気持ちでいっぱいである。

4週に1週の割合で野波中学校に来ていたマサキは，他校で教えている週にも，私に電話をかけてきて，"Goro, next time I'll be with you, why don't we …?"とよく授業に対する提案をした。それに対する私の答えは"It's got nothing to do with the textbook."であることが多かった。彼の案を受け入れると，授業で1週間教科書を使えなくなるのが心配であった。しかし，生徒も私も教科書が面白いとはこれっぽっちも思っていなかったので，できればマサキの考えを前面に打ち出した授業で生徒の英語力を伸ばせないかと思案していた。

　すると，ある日マサキが，"If we use the words and phrases from the textbook, we'll end up using the textbook."と言ってきた。なるほど！　と膝を打った私は，教科書の語句と重要文をすべてレポート用紙に書き出し，それを職員室の壁に貼った。これなら教科書を開かなくとも，教科書の内容はちゃんと教えられる。

　それが，私にとって初の本格的な教科書研究となった。何を教えないといけないかということを確認できたし，教科書は大人の目線で作ってあり，学習者心理を反映していないから生徒に支持されないということも分かった。このことは，その後，大きな財産となった。

1.1.2　教えるだけの授業から確認する授業へ

　それから私とマサキは，壁に貼ったレポート用紙の語句や文を極力使って活動をするように心がけた。

　教えたものはラインマーカーで黄色く塗った。それによって，教科書は開かなくても，教科書の語句や重要表現は教えたということが，自分の目で確認できる。その安心感は大きかった。入試には，その地域で使用されている教科書に載っている語句が出題される。教科書を使わないことで生徒が入試でハンディを背負うなどという事態は，あってはいけないことだ。入試で結果が出なければ授業改革もできない。だからこそ，教科書を分析し，理解し，頭にインプットするよう努めた上で，マサキのアイディアを極力活かそうとした。生徒はマサキの授業が大好きで，みるみる成績が向上した。

次のステップとして，私たちは，ほとんどの生徒が使えるようになったと思えるものに赤インクのボールペンでマル囲みをすることにした。すると，簡単にはマルで囲めないのである。
　田尻：want to は大丈夫だよな？
　マサキ：うん，みんな使えてるよ。
とマサキと意見が合えば want to をマルで囲んだが，
　田尻：have to はまだマルで囲めんなあ。
　マサキ：ちょっとね。授業で確かめてみようよ。
という話になると，授業では have to を使わないといけない場面を作り出し，それぞれの生徒がどれぐらい使えるようになっているかを確認した。すると，ほとんどの場合，マサキと肩を落として職員室に帰る羽目になった。
　教えることは簡単である。しかし，マスターさせるのは容易ではない。生徒が教科書にあるたくさんの重要表現をマスターするためには，どんな授業をすればよいのか。試行錯誤の中で行き着いた結論は，非常にシンプルである。

- たっぷりドリルをする。
- 既習の表現を繰り返し使う場面を作り出す。

　そして，マスターしたかどうかを見極めるためには，以下の観点で観察をしなければならないことに気がついた。

- 初めて読んだものや聞いた文章の中に使われていても，ちゃんと理解している。
- 生徒が英語で話したり書いたりする時，それらの表現を使っている。

　つまり，Aという教科書を使ってドリルをしたら，Bという教科書が読めるかどうかを自力で勝負させなければならない。そして，インプットだけでなく，アウトプットもさせなければならない。こりゃ，時間がいくらあっても足りない！　どうやって時間を確保しようか…。インプットだけでなく，アウトプットもさせるとなると，単純計算でも倍の時間がかかる。何を削ればよいか，思

案した末にたどり着いたのが，授業の中で私が占める時間を減らすことだった。

島根大学築道研究室で毎月第4水曜日に行われたSELT（Shimane English Language Teaching）勉強会のある1コマである。その日の勉強会もお開きになろうとしていた時，築道先生がこうおっしゃった。

「結局，授業って教師がどれぐらいしゃべりたいのを我慢するかですよね」

おそらく，これが一番大きなインパクトを受けた言葉だったと思う。それまでは自分が一生懸命になりすぎて，教師中心の授業になっていた。語学はスポーツと同じで，技能を身につけるのが目標である。なのに，コーチが説明ばかりしている授業だったからこそ，生徒にどれぐらいの力がついたかを逐一測ることをしていなかった。教える一方で，到達率を調べることをしていなかった。

この築道先生のアドバイスと，マサキの提案が劇的に授業を変えた。とにかく，使わせる。そして，できていないことをチェックし，できるようになるまで応援し，アドバイスをする。それこそ，英語の授業だと思うようになった。

考えてみれば簡単なことである。たとえば漢字だって，教えられただけでマスターすることは決してない。何度も何度も書く練習をしなければならないし，さらに作文やメモなどで実際に使っていかなければ，すぐに忘れてしまう。英語も全く同じである。英語力を上げようと思ったら，たっぷりとドリルをした後，覚えた英語を生徒たち自身にたっぷりと使わせてあげないといけない。それなのに，教師である私が説明をして板書をしてそれを写させるという，教師主導の「教科書を教える」授業ばかりやっていた。これでは，力がつくはずがない。ショックであった反面，今後授業をどうすべきかという根本的な方針がはっきりと見えたことは，私に安心感と腹の底から湧き上がるやる気をもたらしてくれた。

1.1.3　教科書を使わないからこそ見えるもの

ここで，先の問いをもう一度考え直したい。「新しい法律ができて，『教科書は自分で作ってください』と言われたら，どうしますか？」

まずは，マサキと私がしたように，各学年で教えるべき文法事項を書き出し，

把握することが必要だ。その上で、文法事項を教えるための活動として、どんなものがあり得るか考える。自分ならどんな例文を出すだろう。会話文はどんな場面設定にすれば効果的だろうか。考えなければいけないことは、山ほどある。

　そうした目線で手元にある教科書を改めて見直していただきたい。教科書には、どんなトピックが、どんなストーリーが載っているだろうか。登場人物は男性だろうか女性だろうか、単数なのか複数なのか。場面設定は、時制はどうなっているだろうか。必要な文法事項は網羅されているだろうか、それらはどんな順番で登場しているだろうか。

　すると、今まで平坦に見えていた教科書が３Ｄの絵のように見えてくる。教えなければならない語句が、文法事項が、苦心の末にダイアログやストーリーの中に配置されている。教えたい文法事項はこれで、その文法事項をマスターするための活動がこれで、そのためにこのトピックが使える、というふうに構成されているのが分かる。「自分でこれを作ったらどんなに大変か」と気づくはずだ。

　実際にワークショップなどでこの見直し作業をすると、「初めて教科書の構成とねらいが分かりました」と話す先生方がたくさんいらっしゃる。結論を言ってしまえば、それだけ練って作られているからこそ教科書はありがたく、必要なものなのである（ただし、大改革が必要であるが…）。

　だが、まず教科書ありきという常識をいったんなくして、改めて教科書を見つめる。それだけでも得るものが数多くある。

　私が教科書を開くのをやめたことで得た一番の収穫は、何を教えないといけないかを把握したことである。しかも、教えるだけでは英語力は上がらない。そもそも、教師が一方的に教えるという単方向のベクトルしかない授業では、英語力が上がったかどうかを確かめることができない。生徒が習ったことを使ってみる、分からないことは質問するという、教師と生徒間で双方向のベクトルがある授業でこそ定着度が測れることを学んだし、教科書のすべてを頭にインプットしたからこそ、３年間を俯瞰できるようになった。

1．2．板書って必要？

1．2．1　板書の時間を計算してみる

　教科書と同様，板書もまた授業の必須アイテムである，というのが教師の常識だろう。私自身，昔は黒板に書いたまとめを生徒によく書き写させていた。
　しかし改めて問いたい。「板書って本当に必要ですか？」と。

　板書には大きく分けて以下の3つの機能がある。
　①教師が伝えたい情報をまとめて書いたもの。
　②生徒の意見を整理し，要点をまとめて黒板に書き，次の発想を促すもの。
　③問題を実際に解いて，答えを導くプロセスを確認するためのもの。
　このうち，②と③は必要であろう。しかし，英語の授業では，板書といえば圧倒的に①の「黒板上に教師が生徒にとって有益だと思う情報を書く」というものが多い。②，③の板書には生徒の思考がともなうが，①は単なる作業に終ることが多い。ましてや，教師が解説をしながら同時に板書をする場合は，学年が低いほど聞くこともままならず，理解せぬままただ単に板書をノートに写すだけである場合が多い。
　私は，日本の中高生が英語ができないのは，ここに1つの原因が潜んでいると考えている。
　試しに「板書の時間をどの程度取っていますか？」と研修会で先生方に聞いてみると，1コマの授業中に少ない先生でも5分，大抵は「10分ぐらいかなあ」という答えが返ってくる。仮に1回の授業で10分間，板書の時間を取ったとすると，6回授業をすれば1時間である。週3時間，年間105時間の授業なら，年に17.5時間板書していることになり，3年間では52.5時間という計算になる。高校では説明すべき内容がもっと増えるので，「授業時間の半分近くが説明をしながらの板書」とおっしゃる先生も少なくない。3年間でどれぐらいになるか，計算してみていただきたい。しかも，その大半が前述の①の板書である。

ここで，もう一度問いたい。
　「それほどの大量の"板書を写す時間"は，生徒の英語力向上にどれだけ貢献していますか？」
　自信を持って「非常に成果が上がっています！」と答えられる先生がいるだろうか？　おそらくほとんどいないと思う。ただ書き写しただけで，英語の力がつくなんてことは絶対にあり得ない。書き写したものを生徒が後で復習してくれるかどうかは，ほとんどの場合生徒任せになっているので，教師には「板書が実になっているかどうか」なんて「分からない」としか答えようがないはずである。
　それなのに3年間で52.5時間が板書とその写しに使われている。英語の授業が週4時間になると，70時間である。その時間は無駄ではないのか？　教師が板書する時間を言っているのではない。板書したことを必死で「書き写さなければならない子どもたちの時間」が無駄ではないのか。「1回でも，自分の手で書いたから覚えていることがあるのでは」とおっしゃる先生は少なくないが，1回だけで覚える生徒はとても優秀である。majorityである，1回では覚えられない生徒にとっては，ノートに板書を写したことがその後どう学習で生かされるのか。そう考えると，板書内容を写すことは，生徒にとってはプラスになっておらず，むしろ生徒の「学ぶ時間」を奪っているのではないか，と思うのである。

1.2.2　何のために板書を書き写させるのか

　大事なことを書き取るという行為は，もちろん大切なことだ。大人でも，会議をした時に記憶だけに頼って自信満々という人は，まずいないだろう。大事なことは必ずメモを取る。なぜメモを取るのか。当然，後で見直すためである。メモを取ることだけに必死になって，後で見直しもしなければまとめもしないというのでは，メモを取る意味はない。
　生徒のノートもそれと同じである。板書をただ書き写しただけでは，役に立たない。書いたものを「後で」いかに活用するかが問題なのである。

では，いかに後々活用するか。私自身も板書を写させてはいたが，それがどう役立つかなど考えたことはなかった。しかし，ある授業で生徒が"He playing tennis."という英文を書いた時，私がとっさに「何か抜けてるで。1年の12月に教えたやろ」と言ったのを受けてその生徒がノートを開いた瞬間，日本式に言うと電球が光り，英語式に言うと It rang a bell. という状態になった。「板書を写したものって，生徒が間違った時に参照するものなのか！」
　生徒は，間違った時，分からなかった時，教師に質問してくる。「え，何で間違っているんですか」，「先生，これどう考えたらいいですか」と生徒が言った時，「前に板書したはずだけどな～」と言えば，ノートを開いて必要な情報を探し始める。それが板書を写させる意味だということことが分かるまで，何年かかったであろうか。
　つまり，板書は，teacher-centered な授業ではなく，student-centered な授業でこそ，写した価値が出てくる。間違うからこそ学習は深まる。間違うからこそ理解が深まる。英語は，そういう教科である。
　こうして授業の形式が変わって，私が説明を減らして生徒の学習を中心にすると，気がつくことが多くなった。たとえば，生徒が以前写した板書をノートの中に探す時，日付が打ってあると探しやすくなるが，毎日英語係の生徒が授業が始まる前に曜日と日付を黒板に英語で書いていたのに，それを写させていなかったことに気がついた。それ以来，必ずノートを開いた時に日付を打たせるようにした。
　さらに，面白いことに，生徒はノートを見て自分のミスに気づき，訂正したものが合っていたら，「よっしゃ，正解。やったぜ」などと喜色満面で言うのである。つまり，訂正できたのは自分の手柄だと思うのである。
　前述の例でいうと，私が「He playing tennis. ではなく，He is playing tennis. だろ」と言うと，生徒は「あ，本当だ」と言って消しゴムを使うけれど，実はこの時頭も心もほとんど動いてはいないので，同じミスを繰り返す。
　一方，「何か抜けているぞ。12月に写したノートを見てみ」と言うと，生徒はそのページを開き，板書を写したものを読むうちに，「あ，分かった，is が

抜けていたんだ」と思って訂正し,

「先生,先生,Please check my answer again.」と私を呼ぶ。

「よし,分かったか？　お,is が抜けていることに気がついたな。すばらしい！　マル！」

教師にそう言われたら,生徒は,答えを自分の力で見つけたぞ,と誇らしい気持ちになる。「そうだった,He is playing tennis. だよな〜」と分かった時,自分の字でノートに書かれた「現在進行形　公式：am / is / are ＋動詞 ing, 意味：〜している最中だ,しているところだ」という文字は,写した当時の何倍もの強烈さで生徒の脳に刻み込まれる。これが「学習者心理」であり,「頭と心が動く授業」である。

このように後から使える・見直せる覚え書きになっていてこそ,板書とノートに意味が生まれる。一度出てきた文法や例文を即座に使いこなせて,二度と忘れず,間違えることもないという人はいない。多くの人は覚えるそばから忘れるし,大人でも覚えたことを使う時に少なくとも1回は間違えるものだ。2回も3回も間違えることも,珍しくはない。となると,中高生は1つの項目を10回ぐらい間違えると考えておいたほうがよい。教師に間違いを指摘され,板書を写したノートをひもといてその原因を知り,訂正するという作業を繰り返してこそ,語学力は伸びる。板書は,生徒が間違った時,分からなくなった時に参照するための情報をストックするためにさせていることを,教師自身が自覚しておく必要がある。

1．2．3　「板書の時間がもったいない」は本当か？

中学の英語の授業では,3年間で約50時間が板書とその書き写しに使われている――。この事実はちょっと計算すれば分かることであるが,考えたこともなかったという人がほとんどだと思う。反面,その時間の無駄に気づき,板書の時間はもったいないといって,さまざまな工夫をしている教師も大勢いる。しかし,そこにも危険性が潜んでいる。

たとえば語句や説明,文法用語などを書いたカードをたくさん作ってきて,

黒板にマグネットなどで貼りつけ,「語順はこうで，この場合はこうで……」と説明していく光景をよく見かけるが，このように次々とカードを入れ替えて説明していった場合，生徒はどうやってノートを取るのだろうか？

　教師は板書をする手間が省けるので説明に力を入れるが，実は生徒はカードや画用紙を使って説明される時は，それをノートに写していないことがよくある。音声を聞くだけでは，記憶にとどまりにくい。

　一方で真面目な生徒は，板書をする時よりはるかに速い教師の説明を聞きながら，それらのカードや画用紙に書かれた説明も書き写している。これは，相当の情報処理能力を要する作業である。さらに，肯定文を疑問文にする説明の中でよく起こることだが，教師がbe動詞や助動詞が書かれたカードの位置を突然変えたりすると，生徒はどう写していいか分からなくなり，途方に暮れる。

　また，板書すべき内容をプリントにして（以後，「板書プリント」と記す），生徒に渡すという方法もある。この方法をとっている先生の授業も何度か見たが，先生がその板書プリントを読み上げ，解説をする場面に遭遇したことがある。それでは，結局生徒は受動的にしかプリントを見ることができなくなってしまう。

　生徒が板書プリントを能動的に使うためには，プリントを渡してざっと目を通させたら，さっとドリル学習やドリル的活動に入ってしまうほうがよい。生徒はよく分からないまま活動に入り，迷い，悩み，友だちと相談し，そのうちにまた板書プリントを読み始める。そこで初めて少しずつ板書プリントに書かれている内容を理解し，使い始める。

　これは，会社で上司から仕事の内容を教わる時に似ている。上司にいくら詳細にわたって仕事のやり方を教わっても，本当には分かっていないことがあり，実際にその仕事をやってみると，失敗したり分からなくなったりするものである。その時人間は，初めて上司のアドバイスをかみしめたり，再度説明を求めたりするものであり，それこそ能動的な説明の聞き方となる。

　実は私も板書はほとんどせず，プリントにして渡すタイプである。中学校勤務時代には20年かかって中学校3年分の板書内容を精査し，生徒が共通して間

違う文法事項とともに分類し，分類番号を打って1冊の冊子にまとめ，生徒に渡していた。生徒は何か間違ったり分からなくなったりするたびにその冊子を見ていたし，教え合い・学び合い学習で相手に何かを教える時，その冊子を引っ張り出していた。最近はナップザックで登校する生徒が多く，雨が降るたびに「先生，あの冊子がびしょびしょになって使い物にならなくなったので，もう1冊ください」と来る生徒が増えてきたので，思い切って製本してもらった。最終的には，『自己表現　お助けブック』（教育出版）という教材になり，現場で使っておられる先生方とともに改訂し，現在に至っている。

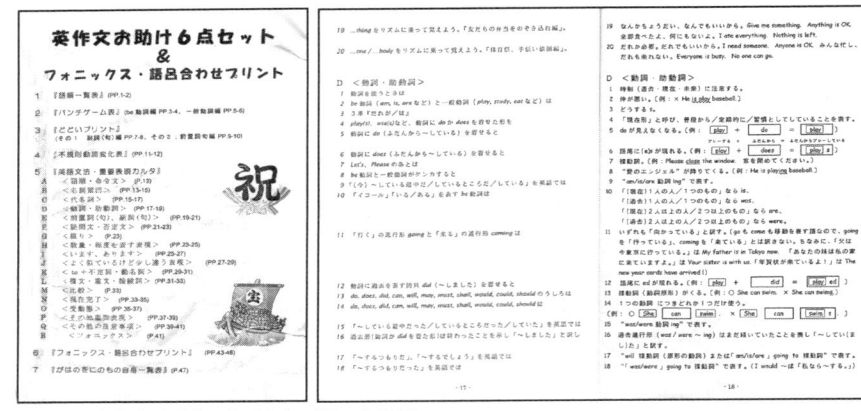

図1　中学校勤務時代に作成したプリント冊子

図2　教育出版から刊行されている『自己表現　お助けブック』

1．3．教師の説明は必要？

1．3．1　生徒は説明を理解できているか？

　これまで英語の授業をたくさん見てきた。最近は仕事がら，英語だけではなく，理科や社会や数学や，さまざまな教科科目の授業を見学させていただく機会が増えている。よい授業には教科を超えた共通点がある。生徒が自主的に考え，判断し，行動し，反省し，改善しようとしている様子が見られる授業は，感動すら覚える。

　一方で，見ていて辛くて，胸が締め付けられる思いがする授業も多々ある。最近では，数学の公開授業でその場面に遭遇した。担当の先生が緊張のあまりしどろもどろだったとか，生徒が言うことを聞かなくて授業にならなかったとか，生徒が全く発言しなかったというわけではない。その逆で，規律のあるぴりっとした雰囲気の授業であった。

　指導案は詳細にわたって記述されたとても立派なもので，補助教材の手作りプリント類もきちんと添付されていた。指導案をめくっていくと「今日の板書計画」がきちんと練られ，実際にその計画と寸分の違いもなく板書と説明が行われていた。先生は本当に熱心に説明をされる。子どもたちは黙々とそれを写している。

　15分聞いたところで，私は苦しくなってきた。「いつまで説明しているんだろう」さらに10分。先生はまだまだ一生懸命，授業計画に沿って頑張っている。熱意が伝わるほどに，私はますます苦しくなる。胸が痛くなってきた。「もう説明はやめて，子どもたちに時間をあげて。考えさせてあげて。学ぶことを楽しませてあげて！」　でも先生は最後までしゃべりっぱなしだった。50分の授業が，私には数時間にも感じた。苦しくて，苦しくて，たまらなかった。

　説明はもちろん，必要である。しかし，一方的に説明され，それを書き写した時点では，多くの生徒は何も分かっていない。説明されるだけの授業では，生徒はほとんど何もできるようにならないし，トライしてみてできないからこ

そ説明をもう一度かみしめたりするプロセスも経ることはない。他教科でも同じ危険性を持っていることが分かり，勉強になった。

　別の授業では，もう1つ教師がよくやるミスを発見した。教師が早く次へ進みたい時によく発する，"Do you understand?"を連発する授業だった。

　生徒は体験の中で気づき，教師の説明の意味を理解し始める。だが，それは時間がかかる。教師は，待つのが苦手である。いきおい，「分かった？」と尋ねる。そこで「はーい」と返事をしているのは，元気な生徒や何となく分かったつもりになっている生徒だけであり，慎重な生徒や理解していない生徒は黙ったままである。しかし，教師は数人の元気のいい声に満足し，次へ進もうとする。ここで置いていかれる生徒がいかに多いことか。

　また，分からない生徒を見つけた時は，熱心な教師ほど説明を繰り返す。そして，一生懸命であればあるほど，早口になるし，情報も付加し続ける。生徒はますます分からなくなり混乱するが，教師の熱意を感じ，「分かったか？」と聞かれると「あ，はい」と言ってしまう。本当に説明を理解したかどうかは，生徒に同じ説明をさせてみれば分かる。だからこそ，教え合い・学び合い学習が必要なのである。

1.3.2　説明にはタイミングがある

　改めて考えてみよう。教師が説明をたくさんすればするほど，生徒は理解を深め，英語ができるようになるだろうか？　そうは思えない。

　このことは，スポーツの指導で考えると分かりやすい。たとえば野球部でバントのやり方を教えるとする。その時，「バットはこう持って，目の高さはここ，ベースから何センチ離れた位置に立って，ピッチャーの動作をよく見て，こう構えて，このタイミングでバットを出してボールに当てる。これがバントの基本やで」とホワイトボードを使って説明すれば，生徒はバントが上手にできるようになるだろうか。「分かった？　なに，分からん？　じゃあ，もう1回説明するぞ」と言って全員が分かったというまで説明を繰り返せば，生徒はバントが上手くなるのか。そんなことは絶対にないだろう。

普通は「バントの練習するぞー」と言って，簡単にやり方を説明した後，まず生徒にやらせてみる。実際にやってみると，空振りをしたり，ファウルになったりする子が大勢いる。そこで一人ひとりを見ながら，「バットの構えはそれでいいんか？」とか，「さっき言ったことできてへんでー。どない言われたんや？」などと言って考えさせる。すると，生徒は工夫を始めたり，上手にバントしているチームメートを観察したり，コーチにもう一度教えてくださいとか言い始める。

　これが，説明を聞くレディネスである。

　場合によっては最初から一切説明せずに，「今からバントの練習するぞ，やってみ」といきなりやらせる方法もありだと思う。「やり方が分からん者は聞きに来い」と言うのでもいい。ともかく生徒自身が，「分からん，分かりたい，もっと上手くなりたい，どこが悪いのか，どうすればいいのか」と思った時に説明をする，それがベストのタイミングである。

　人間には，同じことを説明されても，すんなり頭に入ってくる時と，入ってこない時がある。一番素直に頭に入ってくるのは，知りたいと思った時に知りたいと思ったことが説明された時，つまり知りたい欲求が起こり，それが即座に満たされる時である。欲求が高まるのは，前述したように，1つは失敗したりうまくいかない時，もう1つは分からない時。英語の授業でも同じことが言える。生徒が自ら，「間違えた」「分からない」ことを見つけ，「教えてほしい」と思った時こそ，教師の出番なのである。そこまで，見えないレールを敷いて待つ。それができるようになるためには，1つの授業を用意するための労力の9割を準備に使い，残りの1割を授業の中で使う。そして，その1割のエネルギーは，「我慢と観察」に使わなければならない。親でも教師でも，計画性を持たず，待てずに教えた時ほど，子どもは理解していないし，できるようにはならない。

1.3.3 説明で始まる授業をやめる

　では，生徒が自ら，「間違えた」「分からない」ことを見つけ，「教えてほしい」と思う状況をどうやって作るか。

　そこで私が思いついたのは，野球と同じように教えてみよう，ということだった。くどくどと説明するのをやめて，さっさと子どもたちにドリルをやらせてしまうのである。生徒が問題を解く間，生徒の間を回ってみると，果たして生徒一人ひとりが自然に「先生，ここ合っていますか？」「え，違うの？　なんでですか？」「どういうことですか？」と言い始めた。「こう考えて，こうすればいいんだよ」と説明してやったが，「？？？　うーん，なんかちょっと…」と言う生徒もいた。

　つまり，教師はステージの人，生徒はフロアの人というふうに，黒板の前で教師が説明している時には質問しなかったのに，教師もフロアの人になったら，生徒はとたんに質問をし始めたのである。そして，そこでする説明はまさに効果てきめんだった。以後，私は生徒が発言しやすい雰囲気作りを心がけるようになった。

　生徒が発言しやすい状況を作り出すには，中1でのしつけが大切である。中1には自由にしゃべる生徒がいる。この生徒たちを活かすのである。

①授業に関係あるいい意見は，積極的に取り入れる。

②生徒の発言で，既習文や既習語句で言い表せるものは，英語に直してやる。あるいは，In English? と言って英語で言わせる。重要表現が使える発言も同様。たとえば，「先生，これって英語でやるんですか？」と言ったら，「うん，そうだよ。で，今言った言葉は，Do we have to do this in English? と言うんだよ。黒板に書いてあげるから，ノートの後ろのページ（英会話コーナー）に写してしまい。そんで，これから意識して使ってごらん。テストで何点か取れるぞ」と言ってやるのである。

③生徒が全然関係ない話をしていたら，「おー，今の発言は…，全然授業に関係ない！　さあ，早く授業に帰っておいで」と言ってやる。

　つまり，生徒の発言を否定せず，教師が交通整理をしてやるのである。生徒

の発言からは学ぶことが多い。このことは後の第1章4節で触れることにする。
　また，私は，まとめは生徒がやる知的な活動であると考えていた。したがって，ドリルをした後や授業の最後の部分で，「今日やった学習で気がついたことをノートにまとめてごらん」と指示することがあった。
　そう言って5分とか10分とか時間を与える。一切しゃべらないで，横の人のも見ちゃダメ，と言って1人で考える時間を作る。まとめた後で，「はい，自分のノートは開いて机の上に置いたまま，黙って友だちのまとめを見てきてごらん」と言って，他人のノートを見て回らせる。そこまでやってから「はい，話し合っていいぞー」と解き放ってやると，
　「ちょっと来て，これ私のまとめと違うんだけど，先生は確かこう言ってたよね？」
　「青木くん，これってどういう意味？」
　「先生が言ってたことって，こういうことだったの？」
　「このまとめ方うまい！　写してもいい？」
　「なんでこんなことが分かるの！」
などと，放っておけば自分たちでどんどん話し合い，教え合っている。「知りたい」欲求が発動すると，生徒はそこまで積極的に学ぼうとするのである。そこで満を持して，私が「そろそろ終っていいか？　先生が説明するぞー」と言うと，
　「先生もうちょっと待ってください！」とか，
　「今気づいたことがあるから，もう少し書いてまとめてから」
などという声が上がってくる。この時の生徒は，頭も心も動いている。初めてこれをやった時は，嬉しかった反面，今まで板書して説明していた時間は何だったのだろう？　生徒が学ぶ時間を，教師が取り上げていただけなんじゃないか?!　と思い，かなりショックを受けた。これも，常識を破ることで私が得た「目から鱗」の体験の1つである。
　そんなわけで私は板書することをやめ，前項の末尾に記した通り，重要事項のまとめはプリントや冊子にして渡すことにした。時々，痛いことも言われた。

「先生のまとめより大塚君のほうがうまいと思うー！」

　多くの先生方の授業は，生徒が何も体験しないまま，自分はどこが分からないのかも知らないままで，一方的に説明されるスタイルになっていると思う。新しい文法事項を教えるには，まず説明しなければ，と多くの教師が思いこんでいるからだ。その常識がいかに生徒の「学び」を奪い取っていることか。
　語学は，

> 理解　→　習熟　→　応用

と進んでいく。多くの先生方は，「理解」させなければ「習熟」や「応用」には進めないと考えているが，「習熟」や「応用」の活動の中で気づき「理解」に戻ったり，「習熟」や「応用」ができなくて「理解」の段階に戻って説明を聞こうとするケースは多々ある。
　人間は，自分が気づいたことはなかなか忘れない。
　なかなか気がつかなくて，求めて説明を聞くと，頭に入りやすい。
　しかし，理解したいという欲求を持つ以前に説明されたら，頭に入りにくい。
　理想的には，生徒が体験するうちに気がついてほしいのだが，毎回そうなるとは限らない。したがって，説明はやはり大切であり，必要である。しかし，そのタイミングを間違うと，生徒にとっては頭に入らないばかりか，分からないことがどんどん増えていく。後に使わない板書を写す時間が無駄であるのと同様に，タイミングを間違った説明の時間は無駄な時間になってしまっている。その結果，教師は同じ説明を繰り返すことになり，教科書が終らないと焦り始める。
　学習者心理を考え，授業の手順を少し変えるだけでも，成果は大きく変わってくる。

1．4．説明は全員に聞かせないといけないの？

1．4．1 「先生，僕も聞かんといけませんか？」

　26年間の現役教員生活の最後の年に，生徒に言われた忘れられない一言がある。

　「先生，それ僕も聞かんといけませんか？」

　いつものように，生徒にドリルをさせて，教室で生徒の間を回っていた時のことである。見ていると，「あー，違う」「この子も違うなあ」「みんな勘違いしてる」「あー，俺のさっきの説明を，そういうふうに捉えたか〜」と気づいた点があったので，私は言った。
　「ごめん，ちょっと聞いて！　あのな，みんな勘違いしちょるけん。実はな，…」
　そう説明を始めたら，ある男子生徒が
　「あ，俺それ分かっちょる」とつぶやいた。その言葉が気になったので，
　「ん？　どうした？」と私が尋ねると，
　「先生，それ僕も聞かんといけませんか？」と彼は答えた。
　「なんで？　おまえ，何か他にしたいことでもあるんか」と私が言うと，
　「俺，もっとドリルを進めたいです」と言う。
　「分かっちょーかや，ほんとに」
　「分かっちょる，分かっちょる。昨日塾で習ったし，さっきもできたけん」
　「お，言ったな〜。よーし，後で分かっちょるかどうかチェックしに行くけんなー」
　そう言おうとした時，その日はなぜか頭にパッとひらめくものがあり，もしかして，あいつみたいな生徒が他にもいるかもしれないと思いついた。そこで，こう言い足してみた。
　「今みたいに，自分は分かっちょるからその説明は別に聞かなくてもいいで

す，っていう子がおったら，同じようにしていいよ．ただし，あとで本当に分かっちょるかどうか確かめてほしいと思ったら，先生，チェックしてくださいって呼んでな．そうしたら見に行くけん」

そうしておいておもむろに説明し始めたところ，7〜8人もの生徒が説明を聞かずに，別のことをし始めたのが目に入った．それが揃いも揃って普段から真面目で，自学帳を通してかなり会話もしてきた生徒たちだった．「えー！この子たちが自分を置いていってしまうのか…」と，私は何やら寂しい気持ちになってしまった．

同時にはたと気がついた．自分は今までずっと，「もう分かっています」という子たちにも，分からない子と同じ説明を聞かせてきたんだ，と．

たとえば10問の小テストをして答合わせをする時，1問目から10問目まで逐一解説を加えてきた．しかしよく考えれば，10問正解した子は既に理解しているのだから，その説明は不要である．「10問正解だ，やったぞ！　さあ次は何をすればいいかな」と意気込んでいる生徒の時間を，説明に付き合わせることによって奪っていた．

多くの場合，たとえば定期テストを採点して返却する時，教師は授業の冒頭で答合わせをし，残りの時間を問題の解き方の解説に費やす．そうなると，満点だった生徒は授業のほとんどを分かりきった説明を聞かされていることになる．これでは，生徒のステップアップの格好のチャンスに歯止めをかけている．私もそういう教員だったので，彼の言葉をかみしめるうちに，心の中で「今まで25年間何してきたんやーっ‼」と叫んでしまった．

そういえば，筑波大学附属中学校の蒔田守先生は，テストを返却する授業でも，全員を巻き込んで思考させておられる．満点を取った生徒も他の生徒と同じように考え続ける「テスト返しの授業」を展開しておられる（蒔田先生のアイディアですので，直接蒔田先生にお聞きください．ただし，学校に電話をすると迷惑になるので，研修会で聞いてください）．そういうすごい先生のすごい実践を学んでいて，それを追試させていただいていたのにもかかわらず，応用ができていなかったのである．

分かっているのに説明を聞かされる子は，その時間ずっと退屈していたり，いらいらしていたに違いない。もうできるのに，もっと他のことをしたいのに，と。

今までは分からない子たちに配慮していても，分かる子たちに対する配慮が欠けていたと思い知らされた瞬間だった。なぜこんなことに25年間も気がつかなかったのか。生徒の発言は，時として核心を突いてくる。

1.4.2　適切な言葉選び

後になって考えると，あの時とっさに，「本当に分かってるかどうか確かめたい人がいたら，後でチェックしてくださいって先生を呼んでな」という言葉が出たことは幸運であった。最初に言い出した子には，「後でチェックしに行くからな」と言ったが，そのまま全体にも「自分は説明を聞かなくていいって人は，自分のやりたいことをやっていいぞ。ただし，本当に分かっているのかどうか，後で1人ずつチェックしに行くぞ」と言っていたら，どうなったか。威圧的に聞こえ，「先生は説明を聞かない子に反感を持っている，チェックされて間違っていたら，叱られるだろうな」などと思って，黙って説明を聞く子がたくさんいたかもしれない。だが，なぜかあの時は，「チェックするぞ」ではなく，「自分は分かっているつもりだけど本当にそれでいいのか確認してください，っていう人にはチェックしてあげるよ」というニュアンスを持つ言葉が口をついて出た。後々考えても不思議で，教師の神様がいて伝えてくださったのではないか，きっと神様のお告げだ，と私は思っている。若い頃の私だと，絶対に言えなかった一言である。

ともかく，「チェックしてもらいたい人は後で呼んでな」という言い方によって，安心して私の説明を聞かない子が増えたのは真実だろう。「チェックしに行くぞ」と言われたらかたくなになり敵対しかねないところを，「心配な人は後で呼んでくれたらチェックしてあげるよ」と言ったから，生徒は気持ちが楽になったのだろう。事実，その後，自分のやりたい学習をやり始めた子たちは，いつものあの穏やかな優しい顔で，「先生，分かっているかどうかのチェ

ックをお願いします」と言ってきた。結果的に誰も傷つけることなく，「僕は分かってるのに」「私は別のことやりたいのに」という子どもたちの本当の気持ちを，私は知ることができた。

　言葉の選び方1つで，子どもの反応が変わる。怖いことだと思う。

　さらに後で，「今の説明を聞いたけど，やっぱり分かっていました，と思った人？」と尋ねたら，数人が手を挙げた。しまった，とまた思った。そこで採用したのが，「私はOK」サインである。

　「これから，先生が説明する時には，こうしよう。『僕は私はその説明はいいです』っていう人がいたら，OKってやって。OKってサインを出して，他のことをやってもいいよ」

　その年に私は，他にも生徒から忘れられない言葉をもらっている。すべて中学1年生の言葉である。2つ目は何だったかというと，これは本当に手厳しい言葉だ。

　「先生，黙っちょって！」

　会話文を読んで，「さあ，この会話はどこで行われていると思いますか？当ててください！」と言ったところ，生徒はシーンとなって教科書を黙読し始めた。物音1つしない静寂の中で私は我慢しきれなくなり，

　「ヒントは，グリーン先生の言葉で，ほら，ここの…」としゃべり出した。その途端に生徒から「先生，黙っちょって！」と言う声が飛んできたのだ。

　「あ…，すんません」と言う私に，その子は追い打ちをかけるようにつけ加えた。

　「集中できんがん」

　返す言葉もなかった。本気で「あ痛た，しまった」と思った。

　正直言って，私は沈黙が苦手だ。シーンとすると，何か言わなきゃと思ってしまう。声が出て盛り上がる授業は好きだし，声に出して教科書を読んだりドリルをする中で，生徒が伸びていく様子を見るのは楽しい。しかし，実は授業が盛り上がっているから生徒が深く思考しているとは限らない。表面的には

funであっても，interestingのレベルに行っていなかったり，intellectualな授業でないこともよくある。活発に話し合うのもよいが，学習には沈思黙考し深く考える時間も時には必要である。分かってはいるのだが，それでもつい，沈黙に耐えられずにしゃべってしまう私のようなタイプが，教員には多いと思う。泳ぎ続けないと死んでしまう回遊魚のように，説明していないと落ち着かない性なのだろう。

　沈黙に耐えられないのは職業的な強迫観念かもしれないが，よくよく気をつけたほうがいい。説明はタイミングが命である。言葉選びが大切である。もしタイミングを間違えると，生徒は正直に「先生うるさい」と思う。言葉に出して言ってもらえなければ，教師はその気持ちに気づくことさえ難しい。

　あの子たちのように，悪意は全くなく，思ったことが口をついて出る学年は，言葉によるトラブルも多いが，解決策を一緒に模索できることも多く，成長のチャンスに遭遇できる可能性が高い。押さえつけることなく，なおかつ自由だが勝手にならないようにバランスを保ちながら，ルールを守ってたくさん話しかけてくれる学年を作りたいものである。

1.4.3　ガイドブックを使ってはいけないの？

　板書はしない，全員に同じ説明をしない。急にそんなことを言われても，体験のない先生方には，じゃあ一体どうやって授業を進めるのか，と戸惑う人も多いかもしれない。細かいノウハウはいろいろあるが，もし聞かれたら，一番シンプルな答えはこうだ。

　「教科書ガイドを活用してみたらどうですか。便利ですよ」

　各出版社の教科書に対して，それぞれの内容に準拠した教科書ガイドというものが出ている。学ぶポイントなどを詳しく解説してあるガイド本で，たとえば高等学校卒業程度認定試験（高卒認定試験／旧称「大検」）を受けたいなど，事情があって学校の授業は受けていない人にとっても，有効活用できるものだと思う。しかし，中高の先生方のほとんどは，授業でガイドブックを使うなんてもってのほかだとお思いになることだろう。私も最初はそうだった。

ガイドブックは，語句の意味や本文の意味を調べてくるという予習を課す先生にとっては，生徒がお手軽に答を見つけて発表してしまう，「授業の敵」である。しかし，私のように，
　①まずは教科書を自力で読んで理解する努力をした後（理解）
　②音読や筆写，繰り返しCDを聞く，繰り返し黙読するなどして，本文を暗記する（習熟）
　③そして覚えた文を応用する（応用）
という流れで授業をする者にとっては，①が終った後で答合わせをする時にとても便利な教材である。私が無駄な説明をせず，ともすると私よりうまい説明をしてくれているかもしれないガイドブックに，説明の部分をゆだねるのである。そして，「分からないところやチェックが必要なところがあれば，先生を呼んでよ」と声をかければ，ガイドブックはとてもハンディな存在となる。

　前述のように，生徒が能動的に説明を求めることが大切であり，その時には板書プリントであれ，ガイドブックであれ，生徒が有効活用できるものであれば，何を使っても一向にかまわないと私は思う。要は，いかに英文や語句をマスターさせるかであり，いかに教えるかはその下位に位置する。上の①理解，②習熟，③応用という3つの段階では，①と②を行き来するうちに力をつけ，ALTが来た時の授業を中心に③ができるかどうかを確かめ，最後はできるようにして自信をつけさせるのであり，③まで持っていけるかどうかが勝負である。ガイドブックは，①の最初の段階で使うものであり，ガイドブックを使うかどうかは，全体から見れば微々たる程度の問題である。

　それよりもっと大きな問題は，ガイドブックを使ってはいけない授業形態を取っていることであり，そのことについては第1章6節で詳しく説明する。

1．5．先生って何のためにいるの？

1．5．1　「先生，邪魔！」

　中学校の教員として勤務していた最後の年に生徒からもらった3つ目の言葉

は,「教師の役割とは何ぞや」ということを確認させてくれる。今でも私を支える貴重な財産である。

1つ目と2つ目は,前述の「先生,その説明,僕も聞かんといけませんか？」と「先生,黙っちょって！」。そして3つ目は,なんと「先生,邪魔！」

例によって生徒が活動をしていて,私は「聞きたいことがあったら呼んでな〜」と言って教室を巡回して子どもたちを見ていた。時々"Does anyone need help?"などと言いながら教室を歩き回るのだが,誰も声をかけてくれない。自分たちで考え,ドリルやらまとめやらの作業を続けることに夢中になっていて,私に見向きもしないのだ。

誰も呼んでくれなかったので,自分では気づかぬうちに,やたらと連呼していたらしい。
"Does anyone need help?" "Don't you want me to help you, guys?!"
"Any help?" "Any questions?"

そこで生徒の1人が言った。
「先生,邪魔！」
「お前なあ,そんな冷たいこと言うなよな」と思わず言い返したら,
「どうしても分からんかったら呼ぶけん,それまで待っちょってよ」
「じゃあ,もしかして,こげしてウロウロ歩いちょるとうっとうしいか？」
「歩くのはいいけど,考えたり話し合ったりしちょる時に近くで大声あげられると集中できんが。間違っちょるぞって言われるのはいいけどね」
「ま,そうだわな。わしゃ,いつもそげ言っちょるもんな。間違いをしてこそ上達するもんな。よし,ほんなら間違えを見つけたらばしばし指摘しちゃるわ！」
「うん。だけん,間違えた時と分からん時だけ教えて。でも今は話し合いが盛り上がっちょる（深まっている）んだけん,おいおい,とか Any help? とか大声で話しかけんで！」

やられた。完敗です。

中学校勤務最終年の３月は，２週間ほどテレビの取材が来ていた。ある日，英語の授業風景を撮影している最中に，ディレクターが，「先生，今インタビューよろしいですか？」と聞いてきた。よほど私が暇そうに見えたのだろう。私は，「授業中にインタビューですか？」と言ったが，「生徒が教え合い学習で盛り上がっていて，先生がいなくても『自分たちで学んでいるんですよ』という様子を映したい」とおっしゃるので承諾した。かくして，授業中生徒をほったらかしにしてインタビューを受ける様子が全国放送されたのである。
　その時の映像を見返してみると，確かにこの状態で"Does anyone want me to help you?"などと言っても，相手にされそうにないなあと思う。「先生，邪魔！」は，出るべくして出た言葉だと納得できる。生徒が授業の活動に集中して取り組んでいる何よりの証拠であり，生徒の頭から教師の存在自体が消えている。この映像を見るたびに，生徒が自分の力で伸びようとしている時，私はよく邪魔をしたり，「はい，ここまで」とこちらの都合で活動を切ったりしていたことが思い出され，心が痛む。
　スポーツでも，練習中に選手が考え，試行錯誤している時，コーチは選手を温かく見守りつつ，ミスやアドバイスすべきことを見つけ，その場で言うべきかどうかを判断しなければならない。教えるとは，まさに観察と辛抱である。

1.5.2　生徒が主役だと先生は邪魔になる?!

　授業中，教師は何のためにそこにいるのか。教師の授業中の仕事とは何だろうか。
　それは間違いを見つけること，ヒントやアドバイスを与えること，待つこと，の３つであると私は思う。
　まずは間違いを見つけて，指摘する。それだけで，自分で考えて解決方法を見つけ，次に進める子もいる。しかし，それが難しい状況だったら，適切なアドバイスやヒントを与える。私の場合，生徒の典型的な間違いは『自己表現お助けブック』で板書事項と一緒に一覧にしているので，その分類番号を言うことが多い。また，「〜してみたら？」と提案することもよくある。そしてそ

の後は，待つ。

　生徒が考えるようになれば，授業は活性化していく。生徒は気づき，アイディアを出し，友だちと話し合い，乗り越えていく楽しみを味わうようになる。「自主性を身につける」「自律的な学習者を育てる」ためには，このようなプロセスが必要だと考えている。

　3つの中で一番難しく，一番大切なのは最後の「待つ」ことである。教員は無制限に待つことはできないからだ。授業で教えなければいけないことは山ほどある。時間内にそれを全部教えようと思ったら，説明するほうが楽だ。しかし，教えられたことは残らない。気がついたことはなかなか忘れない。だからこそ，生徒が気がつくように見えないレールを敷いてやるのが教師の務めだと思う。これは，生徒会の運営の仕方と全く同じである。そして，待つうちに，教師が思いもよらなかった解決法を思いつく生徒が出てくる。それも，教員という仕事の醍醐味である。

　そんなことに気づくのに，私は26年かかった。長かったけれども，最後に3つの言葉をくれて神様が気づかせてくださったのは，たぶん，独りよがりの教師中心の授業から，生徒とともに作る授業に変えてきたからだと思う。私は用意したものを押しつけるだけの授業をやめ，生徒の反応を見，生徒に意見を求め，授業中でも教材や教え方に改良を重ねるようにしてきた。

　昨日と同じやり方，10年前と同じプリントを使っても，とりあえず授業はできる。しかし，社会の変化とともに生徒たちは年々変わっていくのだから，こちらも頭の中身を新しくしていたい。大きな変化でなくても，少しでも工夫しよう，変化しようと意識し続けることが大切だと思う。そして，変化の中に進化が生まれることを願い続けたい。

　私が変化するうちに固まってきた考えは，授業とは，生徒が成長する場であるということである。そのためには，教師が教壇にでんと構えて，すべての生徒に対して一様に教科書の説明ばかりする「教師が主役」の授業ではいけない。私たち教師は，時には無視されたり「邪魔！」と言われるくらいに，脇役に徹するべきである。授業の主役は教師ではない，生徒なのだから。

1．6．予習って必要？

1．6．1　予習は英語力アップに役立つのか？
　多くの教員が当たり前と思い込み，意識せずに行っている英語の授業のやり方には，見直せば疑問点が山のようにある。その中でも最大の，そして決定的な間違いは，英語学習の手順を考えずに，あるいは見誤ったまま，授業を進めていることであろう。

　もっとも顕著なのは予習の仕方である。日本の中高生に「英語の予習ってどんなことをしていますか？」と聞いたら，多くの生徒が「教科書に出てくる語句の意味を調べて，本文をノートに写して，日本語訳を書いていきます」と答えると思う。ほとんどの先生方が，そう指導しているからだ。

　しかしあえて問いたい。「その予習は本当に必要ですか？」

　語句の意味を調べるのは，外国語学習における初歩の初歩，スタート地点である。一方で，英文を和訳するというのは，たくさんドリルをするうちに英文を完全に理解し，それを日本語ではどう言うかを考えるという，究極の学習である。

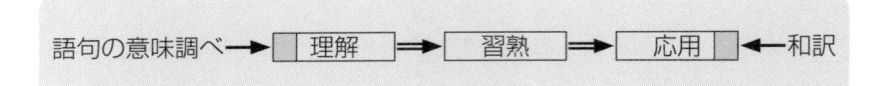

　語句の意味調べ → 理解 ⇒ 習熟 ⇒ 応用 ← 和訳

　英語に限らず，すべての語学に言えることだが，言葉は単語1つ1つを辞書で調べさえすれば読み取れるというものではない。1つの単語にもいろいろな意味があり，状況によって意味が異なる。文章がどんな場所を，時を表しているかという設定，周囲の状況，登場人物の姿形や心情，そういったものが理解できて初めて英文をきちんと訳せるようになる。英文和訳は本当に難しいものなのである。

　それなのに，予習の時に本文の訳までも要求するのは無理がある。だから生徒は「授業中に当てられた時に恥をかかない・叱られない」ことを一番の目標にする。その結果，日本語とは思えない，奇妙奇天烈な和訳がノートを埋め尽

くす。

　教師のサイドも，宿題を出した以上，やってきたかどうかチェックしなければならないので，語句や文の意味を指名して言わせた後，間違ったところを解説しているうちに１時間が終る。毎日そのような授業をしていると，定期テストでは教科書の語句や文の意味・構造を理解したかどうかを試すだけの問題しか出せない。かくして，教師の作るテストは入試からはほど遠いものとなる。

　また，そういう授業では，生徒は自分に当たりそうな時だけ頑張り，後はのんびり過ごすか，友人のミスを笑うか，指名されたクラスメートのか細い声が聞き取れずにストレスをためるかである。私が現在教えている大学生の中にも，「高校時代は授業中に指名された生徒を見て自分が当たりそうなところを予測し，自分の番が来るまでにその文だけを必死に予習していました」と言う強者もいる。

　予習は否定しないが，「理解→習熟→応用」と進む語学では，語句の意味調べや，よく分からないままに適当に和訳を書いたりするのは，第１段階の「理解」のさらに最初の部分に過ぎない。そこに大量の時間を費やす生徒を見ると，胸が痛む。それよりも，復習を充実して，「習熟」や「応用」ができるようにしてあげてはどうだろうか。先に述べたように，「習熟」や「応用」の段階で間違ったり分からなくなったりした時に，生徒は「理解」の部分に戻る。そうすることによって，さらに理解が深まる。

　私の場合は，用例や解説などを読ませたり，前後関係で意味が変わったりする語句を調べさせたい時を除けば，新出語句は全てリストアップし，なるべくたくさん覚えてくるように伝えている。そして，授業の冒頭でそれらの語句を音読し，90秒で何個言えるか記録させている。

　教科書本文に関しては，センスグループ（意味のかたまり）ごとにスラッシュ（／）を入れさせたり，センスグループ訳をさせたり，行間を読ませたり，調べ学習をさせたりしている。これが予習に当たるのであり，授業とその後の家庭学習を通してそれらの語句や文をさらに深く理解し，暗記し，応用できるところまでもっていくよう心がけている。

1.6.2　「理解」「習熟」「応用」のバランス

　前述のように，英語学習（に限らず語学学習全般）には，次の３つの学習段階がある。

> 理解　→　習熟　→　応用（・発展）

　「理解」は，語句や文の意味・構造について知り，理解していく段階。これが外国語学習の出発点である。

　「習熟」は，理解した語句や文を記憶に定着させる段階。「理解」の段階で覚えた例文や，語句の意味などがすっと出てくるようになることが目標であるが，習熟のドリルの中で理解が深まるという，逆の動きもまたあり得る。

　そして「応用」は，習熟で身につけた語句や文を活用し，英文を読みこなしたり，聞き取って理解したり，自ら英文を作ったりできるようになる段階。ここまで来てこそ，日本語を母語としない人と英語でやりとりができるようになる。

　さらに，授業では「発展」の活動もある。教科書本文のトピックについて調べ学習をしてプレゼンテーションをしたり，ディスカッションやディベートをしたり，あるいは教科書本文の続きを書くことなどを意味している。

　この中でも，最も時間と労力を要し，英語力をつけるための基盤となる学習段階は「習熟」だと思う。授業でも，「習熟」の段階にもっと多くの時間を割くべきだ。そこで私が行き着いた授業の仕方はこうだった。

- たっぷりドリルをする。
- 既習の表現を繰り返し使う場面を作り出す。
- 授業で家庭学習を体験させ，家庭学習の橋渡しをする。

　一方で，多くの先生方（特に高校）が行っている授業は，「理解」の段階にかなりの時間が費やされており，習熟の活動が十分ではない。先生方は授業の開始と同時に生徒に教科書を開かせ，語句や文の意味を調べてきたかどうか確認

し，文構造や意味，用法を長い時間をかけて説明し，最終的には英文を和訳して終り。教科書の内容「理解」が，授業の大部分を占め，語句や文を記憶に定着させる「習熟」の活動が不足している。そして，生徒は教師の説明を聞きつつ板書を写すことで，今日の英語の授業も頑張ったと満足するようになる。板書を写すことは，「理解」にすら至っていない場合が多いことにも気がつかず。

私は，大学に来てから小中高でも授業をさせていただく機会に恵まれているが，ある高校でその学校が採択した教科書を使って飛び込み授業をした後，そのページをほぼ暗記できた生徒がその学校の先生にこう言ったそうだ。

「今日のページは，次の授業でやり直すんですよね。田尻先生は文法事項をまとめて板書しなかったから」

かなり衝撃的な言葉だった。「この学校の生徒は，板書を写さないと授業を受けた気がしないんだな。普段から解説を聞くだけの授業を受けているんだろうな」と勝手に批判的に解釈していたのだが，その高校の先生方の努力を知るにつけ，考えが変わり始めた。その生徒は，練習するうちにだんだん分かり始めたことを私に文字化してもらい，自分の理解度を確認したかったのであろう。

「今日の習熟の活動で本文の理解がかなりできたはずだから，それをノートにまとめてみてください。終ったら，私の板書プリントと勝負しましょう！」という段階までいけば，彼らは満足してくれたかもしれないし，もっと授業が深くなったかもしれない。残念なことをしたと思う。ただ，その授業は突然その日に決まった飛び込み授業だったので，教科書を使った活動プリントを作るのに精一杯で，板書プリントまで作る余裕がなかった。しかし，この言葉からも何かを学ぶことができた。

この飛び込み授業は，複数の音読活動を用意し，練習するうちに理解することを願ってトライしてみた授業であった。しかし，全員がすべて終了したわけではない。

授業中に極力多くの時間を習熟の活動に割いたとしても，すべてを覚えるこ

となどできないから，家庭学習が大切になる。そこで私は，授業でやっている活動が「力がつくもの」であり，やり方が分かり，だからこそ家で続きをやろうとする気持ちになってもらうことが大切だと考えていた。

中学校では，「理解」の学習ばかりやっていると生徒がついてこなくなるので，「習熟」や「応用」の活動をゲーム形式などで取り入れる。しかし，一人ひとりの練習量が不足しており，また活動と活動のつながりがないので，単発で力がつかない。さらに，fun なだけの活動に生徒が慣れてしまい，辛抱して単調な作業を乗り越え，力をつけようとする姿勢が不足している。

内容の濃い，力のつくドリルをやってこそ英語力は伸びる。そして，その大部分は，家庭学習の中で行われる。そう考えると，授業では理解の部分に時間が割かれ，教師や友人に支えられながらしっかりと理解をしておき，家庭学習で習熟するという流れは正しい。しかし，そのバランスや手法に関しての検証が不足していると思う。

また，家庭学習で習熟した後，応用できるかどうかを確かめるには，初めてインプットされた情報（すなわち使用教科書以外の読み物や初めて聞く内容）を理解して，それに対して返答をしたり意見を言ったりする活動が必要である。こう考えると，生徒が家で１人でできる学習と，学校でなければできない学習が見えてくる。

ALT（Assistant Language Teacher，外国人英語指導助手）や NET（Native English Teacher，英語を母語とする英語教師）たちは，「応用」の活動をやってこそ生きる。生徒一人ひとりが，普段（できれば不断）の努力の結果，何ができるようになったかを確認するために彼らはいると思うのだが，「理解」中心の授業に参加させられ，１時間のうちほとんど出番がないという授業に遭遇したことは少なくない。

なお，私の生徒はアンケートの結果，週３時間の授業に対して週平均4.5時間家庭で英語学習をしていることが分かったが，そのうち大部分が習熟と応用の練習，つまり復習の学習に割かれていた。

1.6.3　理解と暗記はワンセット

　「習熟」のスタイルの1つに暗記があると思う。我々は中学時代，古文の時間に『枕草子』や『平家物語』の一節をよく暗記させられた。「春はあけぼの。やうやう白くなりゆく山ぎは，すこしあかりて…」などと丸暗記したものだ。教室で指名されてそらんじることができないとまずいので，最初はわけもわからず必死で覚えた。

　しかし，意味も知らずに丸暗記するのは，結局のところ無理がある。古文の授業では，文章を覚えなさいと言われると同時に，「あけぼのというのは夜明け前後の時刻です。この文章は『春は朝の景色がすばらしい』ということを描いています」というように，授業で先生が意味を解説してくれる。ああそうか，春は朝が美しい，山際から日が差して明るくなってきて……というように，情景を思い浮かべることができる。そうして文章の意味・構造を「理解」していくことが，さらに暗記＝「習熟」の助けになるのだ。

　このように，「習熟」しようとすれば自ずと「理解」が必要になる。「理解」ばかり重ねても「習熟」には結びつかないけれど，「習熟」しようと思ったら，必ず「理解」に戻ることができる。そうやって「理解」→「習熟」→「理解」→「習熟」と行きつ戻りつすることで知識は定着し，ますます理解が深まる。古文の丸暗記は，まさにその典型だった。お陰で今でも，私は『枕草子』や『平家物語』の一節をそらんじることができる。

　古文だけでなく，英語でも教科書の本文をページ丸々暗記させられたこともあった。特に高校1年生の時に毎日暗唱させられた中3の教科書の最後の単元は，今でもすらすらと口から出てくる。授業中に指名され，暗記していなくてたびたび翌朝の7時45分に学校に出させられたことだけのことはある。考えてみれば，よく先生方もそれほど早い時間に補習をしてくださったものだと思う。嫌でたまらなかったが，先生方も必死だったと思う。

　社会科も理科も数学も，唱えること，暗記することが，我々の世代にはたくさん課せられていた。当時は嫌々暗記していたにもかかわらず，その頃覚えたことは，今でも口と頭が覚えていることが多い。そして，暗記をするために教

わった意味や背景など，授業で理解したこともまた，忘れないでいることに気づく。暗記にはそれだけの力が，価値があるのだ。

　私たち大人が，ハングルの単語を覚えなさい，アラビア語の文章を覚えなさい，フランス語の歌を覚えなさい，という課題を与えられた場合，その言語の基礎の基礎から説明を受けるなんてまだるっこいことはしていられない。さしあたって使う表現を，文章丸ごと暗記する。語句の意味はこうですよ，文法はこうですよという知識は，暗記してから後付けで理解する方法もある。文法や意味などを理解すれば，次の「暗記＝習熟」につながり，さらなる理解につながり，自然と応用へともっていける。つまりこういうことだ。

```
      理解
       ↕     →  応用
      習熟
```

　丸暗記もその後に意味構造などの理解がともなえば，応用のための基礎知識となる。たくさん練習する中で気がつく，なかなか覚えられないから意味や構造を確認するという作業は，実は学習の中ではよく行われているのである。

　たとえば，私の英語科教育法の授業では，以下の文をどう理解させるかという課題を出したことがあるが，皆さんはどうされるであろうか。

He cannot be really happy if he is compelled by society to do what he does not enjoy doing or if what he enjoys doing is ignored by society as if of no value or importance.

（東京工業大（二次）74年，名城大（商）86年，東京都立大（文系）87年，名古屋大（文以外）90年，慶応義塾大（総合政策）93年，早稲田大（一文）97年）

　実はこのような複雑な文は，そのまま暗記させるのが一番よい。これほど長い一文はいくつかのパートに分けて覚えなければならず，その過程で自然に意味と構造を考え始めるからである。そして，どうしても覚えられない部分や理解できない部分が気になり始めると，生徒は自然に辞書を引いたり，教師に尋ねたりするようになる。上記の例文では，なぜ no value の前に of がつくかが

話題となった。

　つまり，丸暗記という習熟の活動から入ると，どうしても理解の部分に戻らざるを得なくなるのであり，丸暗記もまんざら捨てたものではない。

　蛇足だが，私は今もNHKラジオ語学番組で英語の勉強を続けているが，自分にとって難しいと思う文だけを取り出して暗記するようにしている。

2009年6月19日　NHKラジオ『実践ビジネス英語』より
Although he claimed he didn't have a problem and that other people were to blame for setting him off, Madigan agreed to see a counselor who specializes in anger management after he was told renewal of his contract would depend on his doing something about his inability to control his temper.

　自分には問題はなく，自分が怒るのは他人のせいだとマディガンは言い張りました。しかし，彼の契約更新は，怒りを抑えられないことに彼が自分で何か手を打つかどうかにかかっていると告げられると，怒りのコントロールを専門とするカウンセラーに診てもらうことに同意しました。

　この1文など，覚えると大きな達成感が得られる。そして，訳を見ると，和訳の難しさと面白さを感じずにはいられない。

1.6.4　「習熟」と「応用・発展」の授業をめざす

　現在，私は大学で教職の授業とともに，外国語科目の英語の授業も行っているが，授業によっては新出語句を予習する必要のないものもある。授業で取り上げたい単語や熟語などがあれば，そのリストをあらかじめ私のほうで作っておく。リストを基に，授業の最初に単語を確認する活動を全員で行うのだ。

　学生には2人1組になってもらい，たとえば「corporate policy」＝「企業方針」という具合に，リストの英語を隠して日本語を英語に，または日本語を隠して英語を日本語に訳し，相方にそれをチェックしてもらう，という活動をさせる。分からない単語はどんどん飛ばして，90秒でいくつ答えられるかとい

う対戦形式。攻守を交代して，1人が2〜3回ずつ繰り返す。この時，リストの最初のほうの単語ばかり繰り返すのを防ぐため，1回目はリストを上から下へ，2回目は下から上へと逆順でトライする。1回目は分からなかった単語も，攻守交代して相手のチェックをする際に確認すれば，2回目には答えることができる。文字通り「習熟」→「理解」→「習熟」の繰り返しだ。それだけの活動をした後で英文を読めば，予習をしていなくても学生は英文を読み進めることができる。

90-second quiz

1. ☐☐☐☐ breakthrough ☐☐☐☐ 大躍進，進歩
2. ☐☐☐☐ corporate policy ☐☐☐☐ 企業方針
3. ☐☐☐☐ leading-edge ☐☐☐☐ 最先端の
4. ☐☐☐☐ hook up with 〜 ☐☐☐☐ 〜と手を組む，結びつく
5. ☐☐☐☐ consumer ☐☐☐☐ 消費者
6. ☐☐☐☐ purchase ☐☐☐☐ 購入する
7. ☐☐☐☐ as of 〜 ☐☐☐☐ 〜時点で，〜現在
8. ☐☐☐☐ banking ☐☐☐☐ 銀行取引
9. ☐☐☐☐ currency ☐☐☐☐ 貨幣，お金
10. ☐☐☐☐ innovative ☐☐☐☐ 新機軸の，革新的な
11. ☐☐☐☐ update ☐☐☐☐ 最新情報
12. ☐☐☐☐ predict ☐☐☐☐ 予言する，予測する
13. ☐☐☐☐ register ☐☐☐☐ 登録する
14. ☐☐☐☐ revenue ☐☐☐☐ 歳入，総収益
15. ☐☐☐☐ sophisticated ☐☐☐☐ 洗練された
16. ☐☐☐☐ accelerate ☐☐☐☐ 加速する，拍車をかける
17. ☐☐☐☐ evolution ☐☐☐☐ 発展，進化
18. ☐☐☐☐ state-of-the-art ☐☐☐☐ 最新技術の，最も進んだ，最新鋭の

19. □□□□ subsidiary　　　　□□□□ 子会社
　　　　　　　：　　　　　　　　　　　　：

　この活動を評して，学生の1人はこう言った。「先生，これなら，ほとんどの単語を覚えられますね！　なぜ高校ではこのやり方をしないんでしょうか。高校の時は膨大な時間をかけて単語を予習したけど，ちっとも頭には残らなかった。こっちのほうが断然いいです」
　単語リストの確認は1回90秒だから，1人が2回，3回繰り返しても最低6分，最大でも10分もあれば終ってしまう。語句を予習してきたことの安心感より，語句を覚えられた喜びのほうが大きいことは，学生の声からも明らかである。
　実はこの活動は，私が中学の教員だった時に行っていたものである。中学では『自己表現　お助けブック』の語句一覧を活用して，英語を隠して日本語を英語に訳す，日本語を隠して英語を日本語に訳す，という活動を，やはりタイムトライアルでやらせていた。目標は昨日の自分を超えることであり，他人と比較することではない。
　さて，大学の授業に戻ると，リストを作る時に，私はわざといくつかの重要な単語や熟語を外してある。すると，何も言わなくても学生は自然にその箇所で辞書を引いてくれる。英単語の意味というのは，1つとは限らない。単語によっては4つも5つも，あるいはそれ以上の意味・用法があることも珍しくない。その中から，前後関係を考えてどの意味が一番ふさわしいかを選ぶには，非常に高度な言語力を必要とする。
　たとえば，pay the penalty という表現が出ているとすると，私はこのイディオムをリストに入れない。学生は，pay も the penalty も知っている単語なのでタカを括っているが，実際に意味を取ろうとするとつまずくポイントとなる。「処罰を支払う？　どういうこと？」。そこで辞書を引いた学生は，payには「（罰，処分などを）受ける」という意味があることを知る。さらに，なぜ pay という単語が「支払う」という差し出す行為と，「受ける」という引き

取るという相反する語義を持つか悩み始める。そこで学生の頭と心が動き始めるのであり，この場面で「ま，いっか」と思って切り上げた学生は言語力が伸びない。そこに教師がいる意味があり，辞書で調べてみるよう促してこそ，存在価値があると思っている。もちろん，この場面で教師が説明するのは no-no である。

　pay は原義が「債権者を満足させる」で，「自分がやったこと／やってもらったことに対して何かで相手に報いる」という意味の語。それが「何かをもらったので，代わりにお金で報いる」であったり「何か悪いことをしたので，代わりにお金で償ったり，処罰されることで報いる」であったりする。つまり，pay some money も pay the fine も pay the price も pay the penalty も pay の後ろには「何で代わりとするか」が来ており，同じような働きをしている。このコアの意味が分かった時が，pay という単語が体に入ってくる瞬間であり，ストンと腑に落ちる瞬間は，学ぶ楽しさを確認させてくれる。

　このようにして，1 語 1 語の意味をかみしめた後，暗記に入る。徹底的な音読や筆写，繰り返し CD を聞く，繰り返し黙読するなどして暗記するには，相当な時間がかかるが，ここを飛ばして英文をストックすることはできない。

　そして，最後は応用・発展の活動。1 人称のモノローグであれば，2 人称にしたり 3 人称に変えたり，あるいは肯定文を疑問文にしたりするのが応用学習。トピックに関するディスカッションなどをするのが発展学習。その段階で，どれほど理解し，どれほど習熟しているかが明らかになる。

　ちなみに，pay the penalty は2009年春学期に社会学部で使用していた That's Your Opinion（朝日出版社）にある表現で，そのページのタイトルは，The Supreme Penalty, A: Murderers Should Die というものである。次のページは B: Murderers Should Not Be Executed というタイトルで，A，B の賛否両論を読んでから自分の意見を作るというものである。

　このテキストはかなり難しい表現がちりばめられており，テキストに語句の日本語訳がついていても，なぜそのような訳になるのかを考えさせるのも知的な活動となった。

同じページに，pale into insignificance というフレーズが英文中に出てくる。そのページの右側を見ると，「重要性がほとんど消えるぐらい薄らぐ」と書いてある。へえ，そういう意味なのか，で終わってしまうと学びがない。

pale は"You look pale."（顔が青白いぞ／血の気が引いているぞ）などで使われる，色が薄くなる，光が弱くなる，といった意味の単語である。これは誰でも知っているとして，それが動詞として使われ，into insignificance をともなった時に，さてどう訳したらいいか。insignificance は，significance（重要性）の頭に in がついているのだから，「非重要性」という意味であり，pale into insignificance の直訳は「非重要性の中へと色が薄れていく」となる。そのままでは日本語として座りが悪いが，その直後を読めば，when compared to 〜「〜と比較された時に」というフレーズが続いていることに気づく。すると「Bと比べられると，Aは非重要性の中へと色が薄くなっていく」という全体の意味がつかめてくる。

英文を何度も音読して体に入ったら，その後，美しい日本語訳にチャレンジさせてもよい。訳は芸術である。予習の段階では，センスグループ訳ならよいが，全文訳を押しつけるのはよくない。英文を読み，情景，登場人物の姿形，性格，感情などを感じられる段階にきたら，その気持ちや感覚，情景をどう日本語で表すかを考えさせるのが，和訳（翻訳）であるからだ。

私の学生は，pale into insignificance を，「AはBに比べると<u>その重大さが色あせて見える</u>」とか，「Bと比べればAは<u>取るに足らないものに思えてくる</u>」などという訳をし，お互いがそれを見せ合い「わあ，うまい」「おー，かっこええ」と笑顔で感想を言っていた。これは，「応用」段階の学習であり，この段階での和訳は本当に楽しい。

この単元の最終目標は，英語で私とディスカッションをするというものであった。最後はやはり，「応用・発展」の活動を入れなければ。それができるようになるのが授業の目標である。

学生はこの両ページをセンスグループ訳をし，その後徹底的に音読し，最後は自分の意見を英文で書いた。さらに，私とのインタビューでは，ちょうど裁

判員制度が始まったところだったので，自分が裁判員として呼ばれたらどうするか，裁判員制度そのものに賛成か反対かを英語で言わせた。学生は本当によく勉強し，全員が見事に合格した。

　授業では毎回ビデオを撮っていたので，彼らの何人かは前期終了後，ダビングをしてくれと頼んできた。意識の高い，熱心で学力の高い学生たちだが，だからこそその期待に応え続けたい。一方でそれは，大変な準備を要する。大学の授業は楽ではない。

　この授業では，離婚に対して賛成か反対かというディスカッションも行った。1対1のインタビューテストで，私がビデオカメラを止めて「よっしゃ，合格！」と言うと，「やったー！」と叫んでガッツポーズを取り，私にハイタッチをしてきた学生がいた。小学生も中学生も高校生も大学生も皆同じである。夢中になった時，何かができた時，伸びを感じている時，彼らは溢れんばかりの喜びを体で表す。

第2章

到達目標と年間指導計画

2.1. 生徒の到達度をどう測るか

2.1.1 生徒の到達目標は設定されているか

　年度初めに，先生方は必ず「年間指導計画」を作られると思う。では，「到達目標の一覧表」は作っておられるだろうか？

　念のため教職関係者以外の方に向けて解説しておくと，年間指導計画とは文字通り1年間の授業の進行予定である。夏休みや冬休みの日数や行事は，地域や学校によって異なる。学校ではまず年間行事計画を立案し，運営委員会・企画委員会や職員会などを経て1年間の計画が承認される。その後，それに基づいて各教科の担当者が，1年間どのようなペースで授業を進めていくのかを決定し，教務部や研究部に提出するのが年間指導計画である。

　たとえば英語なら，4月には Lesson 1 を，5月前半は Lesson 2 を，5月後半から6月にかけては Lesson 3 を，というふうに，教科書をどう進めていくかを記すのが一般的なやり方である。教科書に付属している教師向けの指導書には年間指導計画の雛形がついており，多くの先生方はそれを利用している。最近は CD-ROM にデータが入っているので，それを印刷して提出すればいいので本当に楽になった。

　このような時間軸に沿った教科書使用に関する年間指導計画は，いったん提出してしまえばおしまいで，全教科の指導計画を分厚い冊子にして全職員に配布しているのに，誰もほとんど読むことはないという，まさに紙の無駄遣い状態となっているのが実態である。

　英語のように，何月に何ページを教えるかということより，いつまでにどん

な力をつけておかなければならないかということのほうが大切な教科もある。「聞く」「話す」「読む」「書く」という4技能を使ってどんなことができるようになってほしいかをまず考え，その後に教科書を開き，その目標実現のためにどう使えばいいかを考えるのが，教材研究であり，授業計画である。英語は積み上げの教科であり，英語科は年間指導計画よりも到達目標を明らかにするほうが大切である。

　たとえば，私が立てた中学3年3学期の目標は，以下のようなものである。

＜インプット＞
　・WPM-60（400 words）
　・ばらばらになった段落を正しく並べ替えることができる
　・初めて見た英文を音読することができる
　・100種類程度のクラスルームイングリッシュの意味が分かる

＜アウトプット＞
　・感情を込めてスピーチをすることができる
　・50種類程度のクラスルームイングリッシュが使える

＜インプット＆アウトプット＞
　・Severn Suzuki のスピーチを読んで感想を言える（書ける）
　・初めて読んだ物語の続きを書くことができる
　・相手の言ったことに対して即座に反駁できる

＜文法＞
　・後置修飾を使うことができる
　・時制を正しく使い分けることができる
　・単純形，進行形，完了形の違いが分かり，使い分けることができる
　・代名詞を正しく使い分けることができる

・助動詞を正しく使い分けることができる
・付加疑問文が使える

　そして，3年3学期の学年末テストには上記の項目の到達度を測る問題を入れる。ペーパーテストで測れない技能は，パフォーマンステスト（実技）で測定する。かくして，定期テストを作成する時は，到達目標一覧表とにらめっこし，漏れがないかを確認するのである。
　私の場合は，26年の中学校での経験から，3年間9学期分の到達目標が固まっていったので，定期テストやパフォーマンステストも徐々に形が固まっていった。すると，教科書が変わっても，あまり動じることがなくなった。つけるべき力がはっきりしているので，そのために教科書を使うという発想が生まれ，最終目標を考えることなく，1ページずつ教科書を教えるというやり方を卒業できたのである。
　テストに関しては，以下の名著を参考にされたい。

若林俊輔，根岸雅史『無責任なテストが「落ちこぼれ」を作る』（大修館書店）
靜哲人『英語テスト作成の達人マニュアル』（大修館書店）

2.1.2　生徒の到達度は点数化できる

　到達目標の一覧表さえあれば，生徒の学習目標が分かり，どんなテストをすればよいかが分かり，評価の基準が分かり，成績がつけやすくなる。
　たとえば，whの疑問文作成力の到達度を見たかったら，肯定文を基にwhの疑問文を作りなさいという問題をペーパーテストに入れるか，口頭試験を実施する。"He lives in Tokyo."ならば，"Where does he live?" "Who lives in Tokyo?"の2つを答えれば合格。口頭試験では，目標に合わせて目標数値と制限時間を設ける。
　wh-questionsに対して正しく答えられるかどうかを測りたければ，"What time did you get up this morning?"などの質問を10問出して，主語＋動詞を

省略することなく，次々と答えて1分以内に終了できればクリア，61秒かかったらやり直し，という活動もある。

　このような口頭試験を20種類ほどやって，合格したら各課題1点を与える，というふうなディジタル式採点（1点か0点か）にすれば，生徒の到達度を20点満点で簡単に点数化できる。16点以上つまり8割以上できたらA，3割〜8割はB，それ以下はCと，評価も一目瞭然。5段階の観点別評価も同様で，悩む必要は何もない。

　これは生徒にとっても，分かりやすい評価の仕方だと思う。できた課題は1点，できなかったら0点。want to の活動ができたら1点，have to の活動ができたら1点，must で1点というふうに，目標も明確になる。

　たとえば，「日米の学校を比較して，あなたの意見を言ってみよう」という統合的な課題なら，「日本の学校は掃除をしなければいけない」とか「日本は学校でおやつを食べてはいけない」「私はアメリカのように私服を着たい」のように，want to ／ have to ／ must の3つとも使って答えを考えなければならないので，「できたら3点」にすればよい。いくつかの表現を学習し終ったら，そうやって総合的な課題を織り交ぜてやれば自然に復習もできるから，英語の実力がどんどん身についていく。

　普段の学習活動の到達目標を決め，それに到達したかどうかを測るのにふさわしいテストを学期が始まる前に作り，そのテストでいい成績が上げられるよう，その学期を通して生徒と教師が協力するのが授業だと思う。

2.2. 評価の仕方は正しい？

2.2.1　評価基準を考える

　本来，学習の評価方法に対しては，国が統一した基準を示すべきだろう——。実は文部科学省は，学習指導要領に基づいた評価の枠組みを提示し，省のホームページにも掲載している。平成12年に新指導要領が施行された時，文部科学省は「観点別学習状況」を基に，評定については相対評価から絶対評価に改め

るように，という案を打ち出した。4つの「評価の観点」を示し，教科ごとに目標を設定する，というものである。

　英語の場合，4つの観点として提示されているのは「コミュニケーションへの関心・意欲・態度」「表現の能力」「理解の能力」「言語や文化についての知識・理解」。しかし意欲・関心とは，そもそも生徒の学力の評価になりうるだろうか？

　授業が楽しければ生徒は関心を持つだろうし，何かができるようになればさらに意欲を見せるだろうし，コミュニケーションに対して積極的な態度が出てくるだろう。教師のやり方ひとつで，生徒のやる気は変わってくる。そう考えれば，意欲の評価とは，生徒ではなく授業の評価になってしまうのではないか？　「意欲がみられない」と評価を下すのは，実は「自分の授業はつまらないので生徒がついてきません」と認めるようなものではないか，と思う。

　しかも，その評価基準は「十分満足」「積極的」ならA，「おおむね満足」「やや積極的」ならB，「努力を要する」「あまり積極的でない」はC，といった曖昧なもの。それを日々の授業の中で評価し，最終的に5段階の総括的評価を行いなさい，という。絶対評価をしましょうという割には，評価の設定自体が具体性に欠けている。そもそも，国が明確な到達目標を決めていないのだから，評価も個々の教員の判断に任されるわけであり，さらに大学で評価の仕方を教わる機会に恵まれなかった教員が多いから，その結果として，規準と基準，そして数値化の曖昧さに悩み続け，振り回されてきた数年であったと思う。

2.2.2　成績のつけ方・テストの仕方は正しい？

　文部科学省（国立教育政策研究所）の評価規準に律儀に従い，毎日，項目ごとの出来具合や生徒のやる気を評価してきた先生は多い。先生方は日々小テストを行い，生徒の態度をチェックして，その都度成績をつけ，それを表計算ソフトで合算してきた。ところが，そこで多くの問題が発生した。一言でいえば，毎回総括的評価を行ってしまったのである。

　毎日の授業で2回は生徒を評価するチャンスがある，と研修会等で聞いた先

生方は，常に点数記入表を持ち，機会があるごとに一人ひとりの生徒の活動を採点して書き込んだ。すると，それを見ていた生徒が，反発を始めたのである。常に採点されているのが嫌だと思った生徒と，言われたとおりまじめに一生懸命採点する教員との間に，大きな溝ができてしまった。私は若い先生方から，涙ながらにこの惨状を訴えられたことが一度や二度ではない。

　また，そうして膨大な時間をかけてデータを集めた先生方が，首をかしげ始めた。自分たちの手応えと，数値の合計に隔たりがあるのである。さらに，"最初はできなかったが，努力によって最後はできるようになった生徒"の総合数値が低いことにも，心を痛められた。

　神奈川大学の髙橋一幸先生は，こういうたとえをされた。

　「体育で1学期の終りに平泳ぎ25メートル，足をつかずに1分以内で泳げるようになりましょう，という目標を設定したとする。4月には全くできないから，その時点での評価はC。5月はだいぶ泳げるけれども時々足を着くからB。6月はまだ1分を切れなかったからB。そんな刹那的な評価を積み重ねて，7月になって最終テストで合格してAをもらっても，総括的な評価としては，「C，B，B，Aだから1学期の平均はB」と判断されてしまったりする。努力をしてできるようになってもBでは，生徒は達成した喜びが失せ，やる気をなくすだろう」

　まさしくその通りだと思う。そして，それと同じことが，英語の先生方の中で起きてしまったのである。

　本当は，25メートル1分以内を実現するために，4月，5月，6月と段階を踏んで，「ここまでできたね，あと少しここが足りないから，こういう練習をしてみよう」と具体的なアドバイスを与えるための評価でなければ意味がない。つまり，生徒の到達度を確かめて形成的評価を行い，生徒と教師が協力して生徒の力を伸ばし，最後に総括的評価を行う。

　水泳教室では，まさにそうした指導が行われている。同じ平泳ぎでも，赤の10級から1級，その上に黄色10級から1級，その上に青，など30段階くらいに分かれていて，1つずつ合格するたびに上に進んでいく。浮かべます，進めま

す，何メートル泳げます，タイムが何分以内です，と級ごとにはっきりとした基準を設け，子どものやる気と達成感を促すシステムができあがっているのだ。

　学習の評価も，そのくらい明確な基準がほしい。できれば水泳教室のように，全国共通の認識でレベルが測れるような基準があれば，現場の教師はどんなに助かることだろう。その意味で，評価の仕方はもっともっと研究されなければならない。私も，評価の仕方については悩み続けてきた。各学期の成績のつけ方もそうであるし，ライティングをどう評価するかも試行錯誤を繰り返した。たくさんの評価に関する書籍も読んだ。しかし，これだというものは，まだ作り上げてはいない。ライティングに関しては，それなりのものは持っているが，まだまだ研究をしなければならないと思っている。ちなみに，中学校教員最終年であった2006年は中1を担当したが，2，3学期の成績のつけ方は以下のとおりである。

〔例〕1年2学期

中間テスト	成績に入れず
期末テスト	86点
Talk and Talk Part 14〜27×2点 ＝	28点
＋）教科書　インタビューテスト	10点
	124点

$124 \times 0.9 \fallingdotseq 111 \leqq \rightarrow $「5」
$124 \times 0.7 \fallingdotseq 86 \leqq \rightarrow $「4」
$85 \sim 38 \rightarrow $「3」
$124 \times 0.3 \fallingdotseq 37 \geqq \rightarrow $「2」
$124 \times 0.1 \fallingdotseq 12 \geqq \rightarrow $「1」

〔例〕1年3学期

期末テスト	85点
自己紹介	5点
典型的な一日インタビューテスト	10点
＋）教科書　インタビューテスト	20点
	120点

$120 \times 0.9 = 108 \leqq \rightarrow $「5」
$120 \times 0.7 = 84 \leqq \rightarrow $「4」
$83 \sim 37 \rightarrow $「3」
$120 \times 0.3 = 36 \geqq \rightarrow $「2」
$120 \times 0.1 = 12 \geqq \rightarrow $「1」

　このやり方だと，学期におびただしい数のインタビューテストをしなければならず，本当に大変だった。ALTなど，昼休憩や放課後など，しょっちゅう生徒に捕まっていたし，部活動が休みの日など，下校時間直前までALTも私もインタビューテストに付き合わされた。ただ，生徒の力が確実に伸びたことは間違いない。

2.2.3 「評価の仕方」で授業が変わる

　評価の仕方は本当に難しい。せめて，生徒も保護者も分からないような曖昧さからは脱却したいと考えて，私は先に示した「到達目標の一覧表」を３学年分作成した（詳細は pp.52～54参照）。そして，一覧表にあげた項目１つ１つに対して，整合性のとれた設問を考えることにより，テスト作りも授業作りも変わった。

　たとえば，修学旅行について ALT に英語で報告できる，ALT の質問に答えることができる，という項目があれば，それを確認するテストの問題を作る，あるいはインタビューテストを実施する。まず到達目標があって，それを到達したかどうかを測るテストが作れれば，自ずと評価が生まれ，成績をつけることができる。さらに，個々の目標に到達するためにはどんなトレーニングが必要かを考えれば，普段の授業で行うべき学習活動・言語活動も自然に分かってくる。

　英語の教師にとって最も大切な資質の１つに，評価の仕方をきちんと知っていることがあげられると思う。しかし，研修会で挙手を求めると，愕然とする。また，私のような一覧表を作っていない先生方が圧倒的に多く，教科書をなぞって，教科書準拠の問題集で今日習ったばかりの現在完了を練習した後，いきなり小テストをして，「できてない。今日はＣ」といったやり方が当たり前に行われている。

　これは，教師が教師としてテストの仕方，評価の仕方を学ぶ機会がないことにも問題がある。文部科学省もそのことは心得ていて，現場で必要とされる知識技能を授けることができる教職科目を増やそうとしている。しかし，それを教えられる教員が確保できていないのが現実である。

　私が勤務している関西大学の教職課程では，中学・高校英語に向けた実践的な内容の講義がいくつかある。それらの科目を担当していらっしゃる先生方は，よく現場を見に行かれる。また，中学校や高校で授業をなさる先生も少なくない。そこで体験的に学び，学習者の反応を分析し，現場に還元できる研究をなさっている先生を見ると，全国でこういう動きが広がってほしいと思う。

このように授業法や評価，テスト作成法の専門家が教えている大学で，その科目をとって教員になる方は学ぶ機会があるけれども，不幸にしてそのような分野の専門家がいない大学に進んだ先生は授業や評価について教わっていない。残念ながら，必ずしも各大学に評価の専門家がいるとは限らず，むしろいない大学のほうが多い。分野によっては社会に出てすぐに役立つ実践的な教育を取り入れている大学も少なくない。教員養成課程は，その点では遅れをとっており，私も含めて，今後の発展を図っていかなければならない。

　また，現場では，少しでもいい授業がしたい，子どもたちをきちんと評価してあげたい，保護者とうまく対応したい，と先生方が努力をして，その体験を共有してきた。現場の体験から得たノウハウを互いに提供し合い，後輩に伝承してきたのである。その体系が，現代では少しずつ崩れ，ノウハウの伝承がなされなくなってきた。急激な社会の変化によるベテランの自信喪失，上下関係の希薄化などが原因として考えられる。こうした傾向は教員の世界に限らないようだが，ぜひこのシステムを守っていきたい。

学年別到達目標

1年　Types of Activities　― fun, interesting
　　　Songs　― for fun, pronunciation, and grammar

year	term	Input	Output	Grammar
1	1	・アルファベットの名前と仕事が分かる。 ・音の足し算ができ，初見で4文字以下の簡単な単語が読める（magic "e"）。 ・単数／複数の概念を知る。 ・3桁までの数字に慣れる。 ・20種類程度のクラスルームイングリッシュの意味が分かる。	・be動詞を使って簡単に自己紹介ができる。 ・be動詞を使って簡単に他人紹介ができる。 ・10種類程度のクラスルームイングリッシュが使える。	・SVCの文を否定／疑問にしたり，答えたりできる。 ・am / is / areを使い分けることができる。 ・否定疑問文の答え方が分かる。
	2	・30種類程度のクラスルームイングリッシュの意味が分かる。 ・フォニックス「例外編」の知識を利用して，初見の語が読める。 ・SVOの文で質問されて答えることができる。 ・ファストフード店で注文ができる。	・一般動詞を含む文を追加して，10文程度の自己紹介ができる。 ・一般動詞を含む文を使って，第三者を簡単に説明することができる。 ・15種類程度のクラスルームイングリッシュが使える。	・SVOの文を否定／疑問にしたり，答えたりできる。 ・do / doesの意味が分かり，使い分けることができる。 ・I ( ) English.の空欄で使える一般動詞を5つ程度書ける。 ・He ( ) English.の空欄で使える一般動詞を5つ程度書ける。 ・指示代名詞 this / that / these / those を使い分けることができる。
	3	・WPM-40 (150 words) ・40種類程度のクラスルームイングリッシュの意味が分かる。 ・フォニックス「特別編」の知識を利用して，初見の語が読める。 ・英語の質問に対して，主語と動詞をともなって答えることができる。 ・曜日，日付，時刻，天気などの表現を聞いたり読んだりして分かる。 ・ショッピングができる。	・家族紹介をすることができる。 ・頻度を表す言葉を使って，典型的な1日を英語で説明することができる。 ・20種類程度のクラスルームイングリッシュが使える。	・英語の語順(1-A, 1-B, 2-A, 2-B, 3-B)を知り，使うことができる。 ・代名詞の主格，所有格，目的格，所有代名詞が分かる。 ・現在進行形が分かり，使える。 ・canが分かり，使える。 ・疑問詞 who, what, how, where, when, why, which が分かり，使える。 ・接続詞 because が使える。

・英語の楽しさを知る。
・音読の大切さを知る。
・自学のやり方を知る。
・ていねいに字を書き，ていねいに観察し，ていねいに思考する。

・授業のルールを知る。
・間違いが学習を促進し，力を伸ばすことを知る。
・英語は何度も書いてこそできるようになることを知る。
・英文の構造を知る。

第2章 到達目標と年間指導計画

2年　Types of Activities ― fun, interesting, controversial, and moving
　　　Songs ― for fun, pronunciation, grammar, useful expressions, and further reading

year	term	Input	Output	Grammar
2	1	・WPM-45（150 words） ・20 Questions（接続詞when, after, before を含む）を聞いて適切に答えることができる。 ・information gap でどこに何があるかを聞き取ることができる。 ・50種類程度のクラスルームイングリッシュの意味が分かる。	・過去の出来事を英語で説明できる。 ・未来の予定や希望を英語で説明できる。 ・学校の施設を説明することができる。 ・25種類程度のクラスルームイングリッシュが使える。	・下線部が答えの中心となる疑問文を作り，答えることができる。 ・英語の語順(3-A, 1-C)を知り，使うことができる。 ・過去形，過去進行形，未来形が分かり，使える。 ・時を表す接続詞when, after, before が分かり，使える。
2	2	・WPM-45（200 words） ・文脈の中で適切な表現を選ぶことができる。 ・60種類程度のクラスルームイングリッシュの意味が分かる。	・学校紹介ができる。 ・接続詞を使って長めの文を言う／書くことができる。 ・理由を言う書くことができる。 ・30種類程度のクラスルームイングリッシュが使える。 ・感想を表す表現を5つ以上使える。 ・ホームステイのDo's and Don'ts が言える／書ける。 ・職場体験実習の報告をすることができる。	・不定詞の名詞的用法が分かり，使える。 ・不定詞の副詞的用法が分かり，使える。 ・will, won't, may, must, mustn't が分かり，使える。 ・going to, have to, don't have to, want to, don't want to が分かり，使える。 ・接続詞if が分かり，使える。 ・接続詞 because, so を使い分けることができる。 ・あめ玉表現を理解できる。
2	3	・WPM-50（250 words） ・行間の情報，登場人物の心情を考えることができる。 ・文脈の中で適切な表現を選ぶことができる。 ・70種類程度のクラスルームイングリッシュの意味が分かる。 ・フォニックス例外編の知識を使って，初見の単語がある程度読める。	・質問に対して答えたあと，数文つけ加えることができる。 ・聞き手を意識した音読ができる。 ・35種類程度のクラスルームイングリッシュが使える。 ・道案内／乗り物案内を聞いて理解できるし，簡単な道案内／乗り物案内ができる。 ・ものごとを比較して討論できる。 ・相手の言ったことを簡単にメモし，自分の言葉で復活することができる。	・英語の語順(2-C, 2-D)を知り，使うことができる。 ・How 形容詞／What 名詞の使い分けができる。 ・比較級，最上級，同等比較が分かり，使える。 ・shall, should が分かり，使える。 ・able to が分かり，使える。 ・動名詞が分かり，使える。

・協力の楽しさを知る。
・ヒントの出し方を工夫する。
・違いを認め，違いを楽しむ。
・相手の立場になって考えてみる。
・行間を読む。
・英語を通して知ったことで感動する。
・教え合い活動の楽しさを知る。
・reference を有効利用する。
・自分のこと，日本のことを深く考えてみる。
・文字や音から場面や心情を想像する。
・言葉の重さ，深さを知る。
・気合いが入らない時の1歩が大きな蓄積になることを知る。

3年　　Types of Activities ― fun, interesting, controversial, moving, and logical
　　　　　　　　　Songs ― for pronunciation, grammar, useful expressions,
　　　　　　　　　　　　　　and further reading

year	term	Input	Output	Grammar
3	1	・WPM-55 (300 words) ・初めて読んだ読み物に関して簡単な感想を述べることができる。 ・文法の知識を利用して聞き取りの間違いを訂正することができる。 ・80種類程度のクラスルームイングリッシュの意味が分かる。	・日本的な事物を英語で説明することができる。 ・修学旅行について英語で報告することができる。 ・2つのものの違いを既習事項を駆使して表すことができる。 ・40種類程度のクラスルームイングリッシュが使える。	・英語の語順(1-D, 1-E, 2-E)を知り,使うことができる。 ・関係代名詞をある程度使うことができる。 ・3人称で書かれた英文を使って内容理解のQ&Aができる。 ・It's ～ (for ...) to が分かり,使える。 ・It takes ～ ((for) ...) to が分かり,使える。 ・時制の一致を知る。
		・修学旅行についてALTに英語で報告でき,ALTの質問に英語で応答できる。 ・電話で応答できる。		
	2	・WPM-60 (350 words) ・L. A. Hill の intermediate anecdotes level 2の punch line が分かる。 ・初めて読んだ／聞いた事らに対して数文使って感想を述べることができる。 ・前後関係から未習の語句の意味を推測することができる。 ・90種類程度のクラスルームイングリッシュの意味が分かる。	・初めて読んだ物語の感想を言う／書くことができる。 ・関係代名詞を使って事物の定義ができる。 ・45種類程度のクラスルームイングリッシュが使える。	・分詞による後置修飾,接触節,不定詞の形容詞的用法に慣れる。 ・現在完了に慣れる。 ・1人称で書かれた英文を使って内容理解のQ&Aができる。 ・what to, how to, where to, when to, which to が分かり,使える。 ・tell ～ to, ask ～ to, want ～ to, would like ～ to が分かり,使える。
		・地図を使って電話で道案内ができる。 ・電話で道案内を聞き,復唱できる。 ・相手の言ったことに対して即座に質問できる。 ・レストランで注文ができる。		・too ～ to ... が分かり,使える。 ・間接疑問文が分かり,使える。
	3	・WPM-60 (400 words) ・ばらばらになった段落を正しく並べ替えることができる。 ・初めて見た英文を音読することができる。 ・100種類程度のクラスルームイングリッシュの意味が分かる。	・感情を込めてスピーチをすることができる。 ・50種類程度のクラスルームイングリッシュが使える。	・後置修飾を使うことができる。 ・時制を正しく使い分けることができる。 ・単純形,進行形,完了形の違いが分かり,使い分けることができる。 ・代名詞を正しく使い分けることができる。
		・Severn Suzuki のスピーチを読んで感想を言える(書ける)。 ・初めて読んだ物語の続きを書くことができる。 ・相手の言ったことに対して即座に反駁できる。		・助動詞を正しく使い分けることができる。 ・付加疑問文が使える。

・違いを認め,それぞれのよさを知る。
・相手の立場になって考えることができる。
・自分が世界平和のために何ができるかを考える。
・物事を肯定的に捉えることができる。
・自分のよさを知り,自己を肯定し,自信,自尊心を持つ。
・世界の動向や矛盾を知る。
・苦労を乗り越えてこそ味わえる感動があることを知る。
・豊かな気持ちで作品を鑑賞したり,作ったりできる。

2.3. 学期ごとの目標設定

2.3.1　目標設定のポイント1　夢を持ち，逆算せよ

　改めて，到達目標の設定の仕方をみていこう。

　英語の先生方の多くは，教科書を1ページずつ進めた結果，ここまできたからここまでの範囲でテストを作る，というやり方をなさっている。つまり，時間軸に沿って授業を作るというやり方であり，そこがまず改善すべき点だと思う。目標設定のポイント1は，「逆算」である。

　それは一般社会のあり方を参考にすれば，すぐに分かる。製品を作る時に，「いつか完成したらいいな」などと悠長に開発を始める会社はない。何年度にはこういう製品を発売したいと決めたら，そこを最終目標地点に，全体の尺を考える。製品テストにはどのくらいかかるから，そうなると試作品をいつまでに仕上げて，そのためには材料をいついつまでに集めなければならない，だからリサーチの期限はここで…というように進めていくはずだ。すべて逆算によっている。

　英語の授業も同じ。まず，学年の最終的な目標を置く。それを達成するためには，どんな項目を学ぶ必要があるかをリストアップする。これが到達目標の一覧表の原点である。次に，一覧にあげた項目を効率的に学ぶためにはどうしたらいいか，項目の配置・配分を考え，段階ごとの到達目標をはっきりさせる。その到達度を測るにはどんなテストをすればいいのか。そのテストで生徒・教員とも満足がいく結果が出るようにするためには，どんな授業をすればいいのか。目標から逆算すれば，やるべきこととその手順が見え始める。

　学校の運営全体にも同じことが言える。たとえば行事ひとつをぽんと取り出して，よりよくするにはどうしたらいいでしょう，などと考えてもあまり良いアイディアは出ない。感動的な卒業式をするために，逆算してどの行事でどのような面を伸ばしてほしいかという願いを持ち，それをかなえるための方策を持たなければ，時間の流れとともにやってくる行事を淡々とこなすだけで終っ

てしまう。

　そうではなくて，まず，卒業する時にこんなことができるようになっていてほしい，という夢を持つことだ。入学式から子どもたちを育てて，3年後の卒業式にはどれだけ成長してほしいのか。そのためには1年生にはこれを目標にしてほしい，2年生になって最後はこういうことができるようになってほしいと考えて生徒と接すると，3年間という時間，最終目標，生徒の到達度の3つを常に意識するようになる。そして，その中で一つひとつの授業や行事を考えてこそ，つながりが出てくる。

　私は，6つ目の中学校に勤務していた時から，英語に関する中3の最終目標は，1992年に世界環境サミットで Severn Cullis-Suzuki が行ったスピーチを理解し，感想を述べられるようになることとしていた。したがって，中1の1学期から，常にこの目標を意識して授業を作った。

　中1は，運動部でいうと，まるで夏休みの新チームの練習を見るような感じで，まだまだ最終目標にはほど遠いなあと思うことが多かったが，常に出口を意識していたことで，3年間の授業をつなげて考えられるようになった。飛び込みの3年では，もう少し目標を下げ，環境問題について英語で意見を述べられるようになることを目標とした。生徒は無理だということを，最後はできるようにしてこそ，この仕事の楽しみがある。

　「教師が自分の生徒には無理だと思った時，生徒の才能の芽は摘み取られる」という言葉は，髙橋一幸先生が座右の銘にしておられる言葉であるが，大学でもそのことを念頭に置いて，高い目標を掲げて授業をしている。これは，チャレンジである。

　大きな夢を持ち，逆算して日々の授業を作っていく。これが授業改善の視点その1である。

2.3.2　目標設定のポイント2　教科書を分析せよ

　3年間，あるいは1年間の目標設定が見えたところで，次にしなければならないのが，教科書との刷り合わせである。第1章の初めに書いたことを見直し

ていただきたい。教科書のどこに，どんな文法事項が出てくるのか，それをどう活かして1年間の授業計画を立てればいいのか。教科書を分析して，使い方を吟味するのである。

　気をつけたいのは，ある文法事項が初めて教科書に登場する時と，それをマスターするべき時には，当然タイムラグがあることだ。たとえば代名詞は中1の教科書で出てくるけれども，文法事項としてマスターすべき時期は中3であると考えている。中3で代名詞をマスターすることを目標の最終地点とすれば，それ以前に，どれだけ代名詞の習熟の時間を作ればよいか。いつ，どういう形で練習をすればよいか。やはり逆算しながら，教科書の活用法を考えていくことが大切になる。

　もう1つ忘れてならないのは教科書で扱われるトピックである。

　何かを語ろうとする場合，背景となる知識やそれに関する用語，表現が分からなければ話しようがない。経済問題に疎い人が円高を語れと言われたり，スポーツ嫌いの人が野球を話題にされたりしたら，日本語で会話するにも困ってしまうだろう。ましてや英語ではお手上げになる。

　教科書のトピックは，生徒の興味・関心のレベルに合わせ，さらにトレンドや社会情勢を反映したものが選んである。かつて私の学校で使っていた中3の英語の教科書には，「格闘技ゲーム」もあれば，レイチェル・カーソンの『沈黙の春』の一節も載っていた。ご存知，環境破壊に警鐘を鳴らす名著である。

　2005年に7つ目の中学校に転勤したのだが，そこで担当した3年生には，この2つのトピックに関して自分の意見を述べられるようになってほしいという目標を立てた。彼らは1学期は打てども響かぬ状態だったが，2学期から劇的に変わり始めた。担当学年の先生方の努力と誠意，行事での成長，そしてALTのSteven Ashtonの功績に負うところが大きいが，詳しい説明は別の機会に譲ることとする。

　この学年の男子生徒が，卒業式が終わった後，職員室で雑談している時に，とても興味深いことを言った。

　「先生，俺らもし今英語で何か話せって言われたらまだ無理だけど，格闘技

ゲームと環境問題についてだったら，そこそこ書けるし話せるがあ」

　自分で辞書を引き，教科書の範囲を超えて調べたテーマなら，話せるネタをたくさん持っており，さらに繰り返し音読して暗記し，ALTと１対１でインタビューテストをした英文は，今でも残っているということである。

　話せる分野を増やす。それが会話力を高めることになるのであり，教科書はその意味でたくさんのことについて考えるよう，多岐にわたる話題を提供してくれている。しかも，教科書を徹底的に音読し，暗記し，応用した結果話せるようになれば，入試を突破する力も備わってくる（このことに関しては，金谷憲『教科書だけで大学入試は突破できる』（大修館書店）をぜひご一読いただきたい）。

　だからまず教科書を分析し，教科書を知ろう。１ページずつ前に進むのではなく，３学年分を手元に置き，すべてを分析して頭にインプットしよう。そして，それを到達目標の一覧表に反映させる。そうすれば，かつて私がALTのコンノマサキとともに四苦八苦して作ったように，自分なりの工夫をしながらも教科書の内容をきちんと押さえた授業が可能なはずである。

第3章

授業改善の視点

3.1. 伸長感・達成感・満足感
～やる気の素を与えているか？～

　最近行った自分の授業を思い起こしていただきたい。1時間の授業が終った時，生徒たちは「伸長感，達成感，満足感」のうち，どれとどれを感じていただろうか。感じてくれたと言える授業が何度あっただろうか。

　一昨日より昨日，昨日より今日，「次第にできるようになってきた」と実感するのが伸長感である。その結果として「ついにできた」と感じる，あるいは継続して何かを「最後までやり遂げた」と感じるのが達成感である。そして，努力が報われたという思い，先生にほめられたり，友だちを手伝ったら感謝されたり，分からなくて困っている時にクラスメートが救いの手を差しのべてくれたりした時の喜びなどが満足感である。

　私は，授業でよくストップウォッチを使う。単語の意味を答える練習ならば「1分間で何語答えられるか」，音読ならば「このページを○秒以内で読めるか」というように，タイムトライアルにすることがよくある。そういう明確な目標があれば，「前回は30語だったけど，今度は35語答えられた」という伸長感を味わえるし，「40秒以内で読めた」といった達成感も味わえる。先生から「よし合格！　よく頑張ったな」と言われれば，満足感が得られる。

　これら「伸長感，達成感，満足感」を感じることができてこそ，生徒はその授業が好きになる。伸びを実感するからこそ，「頑張って練習して，もっとできるようになりたい」と努力を続けるし，何かを達成したからこそ，次はどんなことをするんだろうと期待する。

　成績を伸ばすためには，家庭学習が欠かせない。家庭学習を促進するために

は，次の３つの要素が必要である。

> ・授業が深くて楽しい
> ・何かが伸びている，何かができるようになった
> ・先生が好きだから，先生のためにも頑張りたい

　決して，強制的な補習を増やしたり，０限や７限の授業を増やしたり，長期休暇中に生徒を学校に出して補習をすることではない。授業の質を高めずして授業数を増やすと，生徒はつまらない授業の増加にうんざりして，家庭に帰ってからは絶対にその教科の勉強をやりたいとは思わない。
　「授業でやっていることが面白い。もっと勉強したい」
　「自分が伸びてきていることが分かる。もっと頑張れば，もっとできるようになると思うし，できた時のあの喜びをまた味わいたいから，今日も頑張るぞ」
　「先生は授業の準備を頑張っている。そして，授業では一人ひとりを大切にして，一人ひとりを伸ばそうと一生懸命だ。私たちのためにこんなに頑張ってくれる先生のためにも，いい成績をとりたい」
　生徒はそう思った時に，自主的に家庭学習を始める。ある時，私の教え子が高校から携帯メールを送ってきた。彼は，「高校の先生方は頑張っているけど，頑張りのベクトルの方向が違うと思うんです」と書いていた。生徒は，先生方が頑張っているのを知っている。ただ，それが生徒に「私たちのために頑張ってくれている」と伝わらないと，良好な人間関係は築けず，授業でも教師が期待するほど生徒が協力してくれなくなることがある。教師の理解と支援を感じてこそ，生徒は頑張る。
　「伸長感，達成感，満足感」は，教師主導の授業では感じられない感覚である。生徒が練習し，間違い，やり直し，できるようになってこそ得られる喜びである。

3.2. 間違うからこそ伸びる

第1章で述べたように，私は板書を1冊の本にまとめてしまった。(『自己表現　お助けブック』教育出版)この本は，私の20年以上にわたる自学帳のチェックで見られた，生徒が共通して間違えるポイントも盛り込んであるので，私の生徒は何かを間違ったり分からなかったりするたびにこの本を参照していたが，初めて読んだものは，項目番号をマルで囲んだり，マーカーで項目番号を塗り，次回以降見つけやすくしていた。さらに，項目番号の左には，読んだ回数を「正」の字で記録させていた。

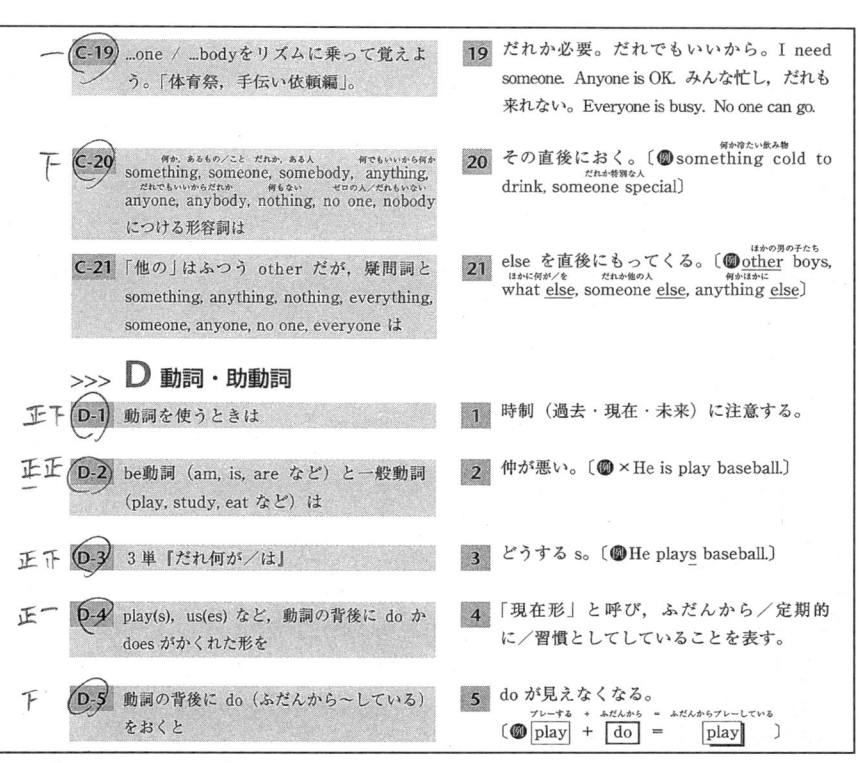

	項目	内容		例
一	C-19	...one / ...bodyをリズムに乗って覚えよう。「体育祭，手伝い依頼編」。	19	だれか必要。だれでもいいから。I need someone. Anyone is OK. みんな忙し，だれも来れない。Everyone is busy. No one can go.
下	C-20	何か，あるもの／こと　だれか，ある人　何でもいいから何か／だれか／だれでもいいだれか　何もない　ゼロの人／だれもいない something, someone, somebody, anything, anyone, anybody, nothing, no one, nobody につける形容詞は	20	その直後におく。〔例 something cold to drink, someone special〕
	C-21	「他の」はふつう other だが，疑問詞と something, anything, nothing, everything, someone, anyone, no one, everyone は	21	else を直後にもってくる。〔例 other boys, what else, someone else, anything else〕
	>>> **D 動詞・助動詞**			
正下	D-1	動詞を使うときは	1	時制（過去・現在・未来）に注意する。
正正	D-2	be動詞（am, is, are など）と一般動詞（play, study, eat など）は	2	仲が悪い。〔例 ×He is play baseball.〕
正下	D-3	3単『だれ何が／は』	3	どうする s。〔例 He plays baseball.〕
正一	D-4	play(s), us(es) など，動詞の背後に do か does がかくれた形を	4	「現在形」と呼び，ふだんから／定期的に／習慣としてしていることを表す。
下	D-5	動詞の背後に do（ふだんから～している）をおくと	5	do が見えなくなる。〔例 play + do = play〕

図3　『自己表現　お助けブック』の活用例

生徒は，読んだ回数が増えるにつれて，「あー，○回目だー。またやってしまった！」などとつぶやく。そして，そのうち私が何も聞いていないのに，「先生，うち L-9 もう間違えんけん」などと言ってノートを持ってきたりする。「また間違えてしまった」と自覚することが大切である。悔しさを味わうことで，同じミスを繰り返さないよう気をつけるようになる。

　生徒は間違うからこそ伸びる。間違った回数を知るからこそ，自らを戒めるようになる。間違った回数が記録されているからこそ，自分の学習の歴史を振り返り，積み上げてきた量に満足し自己肯定感を持つ。授業では，生徒が間違いを知り，考える時間を確保しなければならない。

　よく，「スピーキングの活動で，発音や表現の間違いを指摘すると生徒が萎縮してしまうので，ミスは指摘しないようにしている」という声を聞く。これは間違いだと思う。ミスを直してもらわないと，いつまでも上達しない。外国語の習得の過程で間違わないことなどあり得ない。

　「私は30年以上英語の勉強をしていますが，今でも間違えます。あ，しまった！　と思うことなどしょっちゅうです。だからこそ，間違いを知り，そこを直して上達したいと願い続けています。皆さんも，たくさん間違って，たくさん気づいて，たくさん練習をして上手になってください。それが外国語というものです」というメッセージは，中1の4月に伝え，その後も言い続ける。だから生徒は間違うことを恥ずかしいことだとは思わなかった。

　また，自学帳で家庭学習を頑張っていた生徒たちが，帰宅する時に職員室前の自学ボックスから自分の自学帳を取り出し，それを開いては「うそぉー！　こんなに間違ってたの！　D-3, H-1, G-7, なんじゃー，間違い番号だらけだ」と叫ぶ。それぐらい，人間は知らず知らずのうちにミスを犯すものだ。そして彼らはこう言った。

　「先生，自学帳っていいね。だって，自学帳を出すと真っ赤っかで返ってくるけど，やり直すたびにミスが減ってくるじゃん。自学帳にミスを吐き出しておいてからテストに臨まないと，テストが間違いだらけになるよね」

　はい，おっしゃるとおりでございます。

今は閉校になった島根県安来市立比田中学校では，入学時から卒業時まで，生徒一人ひとりにディジタルビデオのカセットを持たせた。ALTとインタビューテストをするたびにその模様を録画し，あとで生徒と一緒に振り返った。

「あ，止めて！　ここ，ここ。先生，ここでDanielle先生は何て言っちょるだ？」

「あ，ここね。What do you want to do next? って言っちょる。What do you が早口になって『ワドゥユ』，want to がNTTルール（nの直後のtやttはよく省略されるというルール，筆者が命名）で wan＋o になってしまい，『ウォヌ』と聞こえてんの。もう1回ビデオ見てみ」

「うわあ！　本当だ。『ワドゥユウォヌドゥ』って，What do you want to do だったんか」

という会話をしたことを覚えている。

また，ビデオを見て反省会をしている時に，「あ，ここで『弁当は母親の愛情がこもっている』って言いたかったけど，『こもる』が分かりませんでした」と本人が言った直後に，近くで見ていた別の生徒が，「be full of を使えばいいんじゃない？」と提案してくれたこともある。こういう授業はたまらなく楽しい。こりゃ，伸びるわなあと思った。

ALTとの1対1のインタビューテストは，生徒は必死になる。それでも聞き取れなかったところ，言えなかったところは，「あー，もう，できんかった！」と残念がる。何が聞き取れなかったか，何が言えなかったかをビデオを見て調べ，押さえてやれば，その生徒は伸びる。その意味で，「間違う」ことと，「間違いを分析し，解決策を探る」ということは，語学では必須である。

コミュニケーション活動では，文法的なミスを気にせず，積極的にコミュニケーションを取ろうとする態度を養えばよい，英語はむちゃくちゃでも通じればいいという考えは，生徒にとってプラスにはならない。高校の先生方は，「最近の生徒は，ゲームやコミュニケーション活動が好きで，そういう活動は乗ってくるけど，テストでは点が取れない」と嘆かれるが，高校ではより正確な読解力や英作文能力が求められる。中学校では，語順を柱に，英語の文の構

成をしっかりつかませなければならないと考えている。

　そして，高校では，第3章4節で後述するように，Category A（理解）を中心とした教えるだけの授業でなく，Category D（応用）の活動を行い，診断し，処方し，治してやってほしい。

　中高とも，授業が良い方向に変わってほしい。生徒が「伸長感，達成感，満足感」を感じられる授業を，追求していただきたい。そういう授業は，生徒の満足そうな笑顔がたくさん見られる。それは，教師として最高の喜びではないだろうか。

3.3．点と線　～単発型の学習からリニアな学習へ～

　教科書では，must は○ページ，want to は○ページ，have to は○ページというように，新しい文法事項がページごとに配置されている。基本的には，日本の学校英語教科書は英会話用のコースブックと違ってトピックやストーリー性を重視しているので，話の流れに沿って語句が決まってくるという性質がある。その結果，特に中学校では上記のような重要表現が繰り返し出てくる可能性は，高いとはいえない。各ページに新しい文法事項があり，語数制限，新出語句数制限，そのパートのキーセンテンスを必ず盛り込む，トピックを重視するという4つの縛りがある中で，過去の重要表現を繰り返し登場させるのは至難の業であろう。だからこそ，教師のほうで気をつけなければ，重要表現のドリルが単発で終る。

　1時間だけの練習で終ってしまうと，生徒は時間が経てば忘れてしまう。毎日トレーニングして，生徒がもう大丈夫と思うまで続けてこそ身につくものである。繰り返し学習することは，語学では必須である。

　私は，繰り返し学習させるために，3つのアプローチを用いていた。

　1つ目は，1つの活動を1時間の授業の中で完結しないこと。

　1つの文法事項でも，習熟し，定着させるには1回や2回の授業で扱うだけでは不十分であり，初めて習ってから一定の期間，少しずつ続ける「線」の学

習が必要である。mustだけを50分間，次の授業ではwant toだけを50分間というふうに，1時間の授業の中に練習を集中してしまうよりも，同じ50分を使うのであれば，10日間毎日5分ずつ続けてやるほうがよい。

　たとえば，want toを定着させるには1か月はかかると見込んだとする。それを終えてから次の文法事項に移るのではとても間に合わないから，いくつかの文法項目を組み合わせて毎日少しずつ繰り返す授業をしていく。今日は新しくhave toを勉強するけれども，それは20分程度で終える。残りの時間で昨日習ったwant toの2回目の練習とmustの4回目の練習をするというふうに，毎回授業で復習を繰り返していく。つまり教科書に「点」として載っている文法事項を，習熟に必要な期間を加味した「線」の学びに構成し直すのである。

　すると，やがて生徒のほうからこう言ってくるようになるだろう。「先生，have toはもうやめようよ。みんなマスターしたし，毎日やったからもうそろそろいいです」。この声を聞き，応用ができるようになったのを確認した時，文法項目一覧表のhave toを赤いマルで囲む。「点」で学ぶ単発型の学習から，「線」で学ぶリニアな学習への転換をした時に初めて，赤マルが増えてくる。(p.6参照)

　2つ目は，クラスルームイングリッシュ。たとえば，want to。今日は1～5番のドリル問題をするという時は，どの問題からやってもよいと指示を出していた。すると生徒は主体的に問題を選び，練習をしてから私のところにや

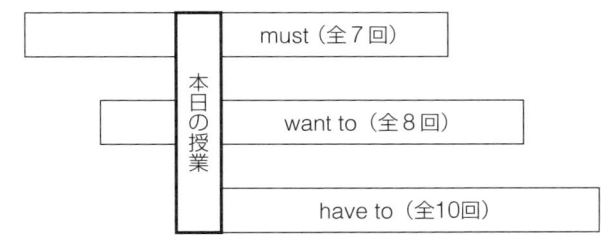

```
              │ must（全7回）          │
         本日 ├────────────────────────┤
         の授 │ want to（全8回）       │
         業   ├────────────────────────┤
              │ have to（全10回）      │
```

本日の授業（縦の太枠部分：must　4回目，want to　2回目，have to　1回目）

図4　「点」から「線」への学びの構造

ってくる。私は，"Which question do you want to try?" と尋ね，生徒は "I want to try ○○." と答える。ここで生徒は，want to を使う状況が生まれる。

毎日使わせることで生徒に慣れさせ，時々「なあ，want ってどういう意味だったっけ？」と質問し，生徒が意味を考えずに機械的に言葉を発することを防いでいた。

毎日のようにクラスルームイングリッシュで使っている表現を，生徒が応用活動で使っているのをみると，クラスルームイングリッシュの威力を感じる。May I 〜？などは，教室で使うチャンスがごろごろしているし，Do we have to do this in English? などは，意図的に生徒に言わせて定着を図った。クラスルームイングリッシュは教師だけのものでなく，生徒が意味を持って使う「実践的コミュニケーション」の場である。

3つ目は統合的な活動。must, want to, have to を個別に学習した後，それらを統合した活動を考える。この3つの表現がまとめて出てくる活動とは何であろうか。正解の1つは，School Systems。海外の学校のシステムや校則と，日本のそれらを比較してみるのである。すると，これらの3つの表現が出てくる。

p.67の作品（図5）など見事である。彼女は既習表現を駆使して自分の学校の紹介をしているが，それぞれの生徒が内容のある作品を書いてくるので，読んでいて本当に楽しかった。

このような作品は，提出した時点では全く成績に入れない。下書きの時点で『自己表現　お助けブック』を使ったり，教師に教えてもらっているので，まだ自分のものにはなっていないからである。

私は自己表現ノートへの清書は全員に求めてはいなかった。清書は学習ではなく，作業である。下書きが完成した時点で自学帳（普通の大学ノートや4線ノート）に書き直すだけで十分だと思っていたが，将来美術関係の仕事に就きたいと思っている生徒や，イラストレーター，編集者，あるいは起業家や管理職志向の生徒，人事部に勤めたいと思っている生徒には，清書を勧めた（図6参照）。

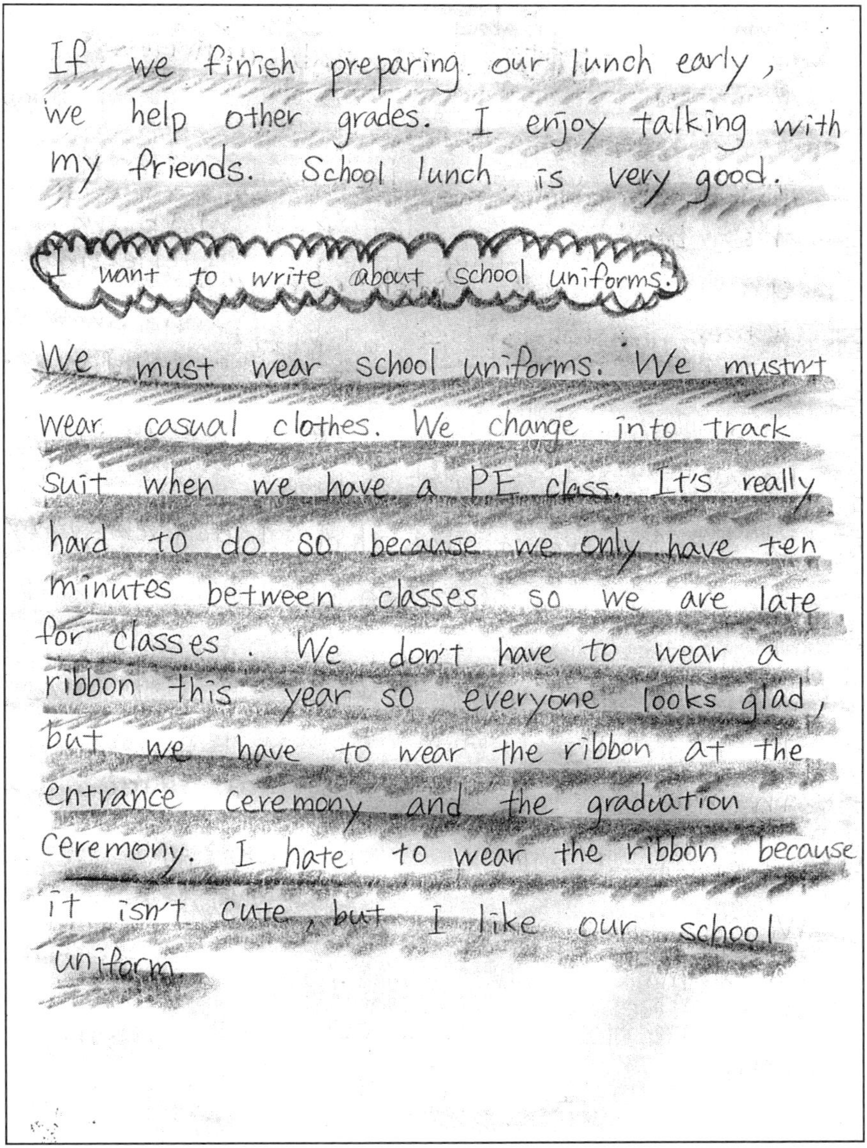

If we finish preparing our lunch early, we help other grades. I enjoy talking with my friends. School lunch is very good.

~~I want to write about school uniforms.~~

~~We must wear school uniforms. We mustn't wear casual clothes. We change into track suit when we have a P.E. class. It's really hard to do so because we only have ten minutes between classes so we are late for classes. We don't have to wear a ribbon this year so everyone looks glad, but we have to wear the ribbon at the entrance ceremony and the graduation ceremony. I hate to wear the ribbon because it isn't cute, but I like our school uniform.~~

図5　生徒の自学帳　既習事項を駆使して自分の学校を紹介している。

自己表現ノートは無地のノート。罫線は思考を拘束するからである。このノートでの清書は，1ページ全体を使うか，見開き2ページが原則である。下書きした作品の語数を頭にインプットし，字と行間の大きさ，イラストの配置な

> *School starts in April in Japan.
> We usually go to school by bike or on foot.
> We have to go to school by eight twenty.
> I usually leave home for school at eight seven.
> I don't have enough time to go to school.
> So I run to school, but it's O.K,
> because it is important to run for my health.
> *We have to clean the school building after the fifth or six period.
> We have ten times to clean the school building.
> It is fun to clean the school building.
> *We eat lunch in the lunch room.
> We eat school lunch.
> School lunch is hot and good.
> I eat school lunch while talking with friends. It's fun.

図6　清書した自学帳　レイアウトも工夫されている。

どを考えなければ，美しくは仕上がらない。それは，全体を俯瞰し，入れるべきものをバランスよく配置するという，美術作品を仕上げる作業であり，同時に会社の人材を適材適所に配置したり，新事業を企画・運営することと共通点

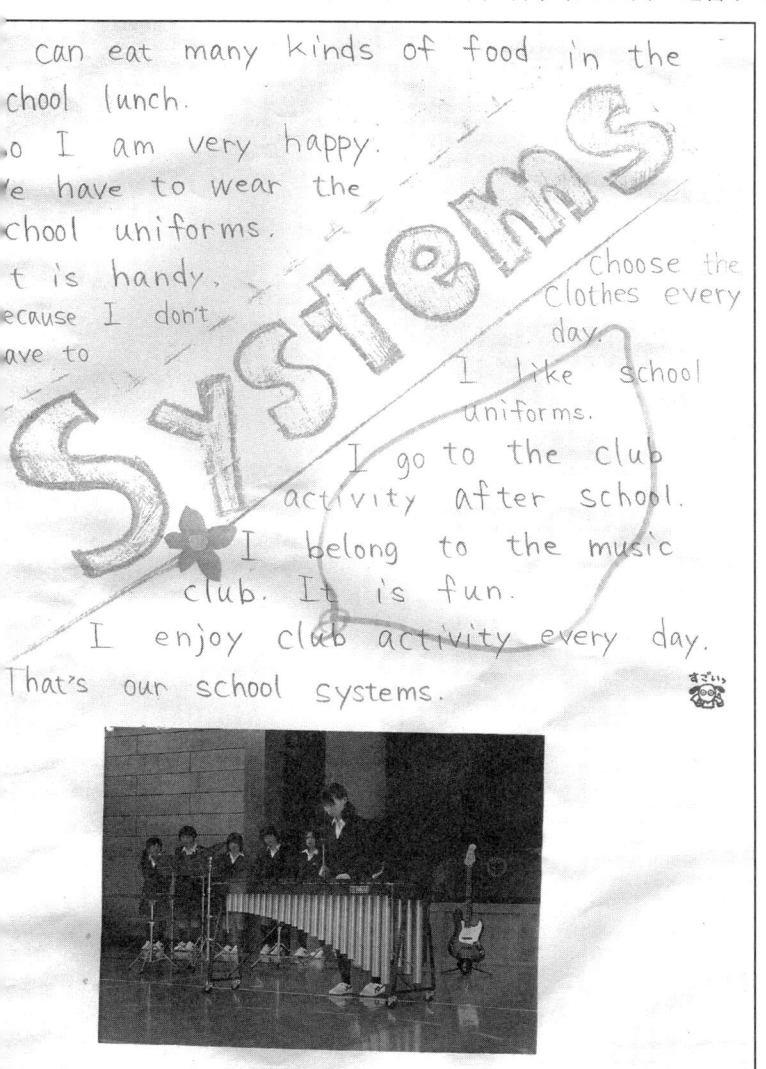

> can eat many kinds of food in the
> chool lunch.
> o I am very happy.
> e have to wear the
> chool uniforms.
> t is handy,
> ecause I don't
> ave to   choose the
>   clothes every
>   day.
>   I like school
>   uniforms.
>   I go to the club
>   activity after school.
>   I belong to the music
>   club. It is fun.
>   I enjoy club activity every day.
> That's our school systems.

(背景に "systems" の文字)

がある。

　次に，清書をコピーし，ここを強く読めば言いたいことが伝わるという部分をマルで囲み，教師にチェックしてもらってから最低50回は音読させる。自分が書いたものだから意味は分かっており，それを今度は口に覚えさせるのである。その後，Read and Look Up（1文ずつ覚えては上を向き，暗唱するという活動）を行い，最後はALTのところへ行って差しで勝負をさせる。そこですらすらと言えて初めて定着したと言えるからである。英作文は，清書をして終りではなく，音読し，暗記してこそ力がつく（通称「100回音読」）。

　採点の方法は，ALTが指定したところ（たとえば修学旅行のインタビューテストなら，「2日目の午後」など）を，1分間に20文のスピードで言えれば10点。その後，ALTが内容について質問するので，それにきちんと答えられたら1問につき3点を与えるというシステムを取った。もちろん，そのテストのねらいと時期によって配点は異なるが，いずれにしても，用意したことをすらすら言えるという prepared speech（Category B）だけでなく，ALTの言ったことを理解して即興で返答をするという impromptu speech（Category D）ができるようになることをめざして授業をしていた。

　Category D（応用）の活動ができるようになるためには，繰り返し学習し，たくさんの表現を自分のものにしていかなければならない。そのためには，単発的な学習からリニアな学習へと変えていかなければならない。

3.4. 英語学習の段階

　伸長感・達成感・満足感のある授業を行うためのもう1つのポイントは，生徒一人ひとりの学習段階を見極め，それぞれの段階に応じた処方箋を渡すことである。私は英語学習の段階を以下の4つのカテゴリーに分けていた。

Category A： 意味・構造理解
Category B： 暗記
Category C： 入れ替え（パターンプラクティス）
Category D： 初めて聞くこと（L）／読むこと（R）を理解する
　　　　　　　頭の中の言葉を言う（S）／書く（W）

「理解」→ Category A
「習熟」→ Category B，C
「応用練習」→ Category C
「応用」→ Category D

　Do you know where she lives? という文を例にあげて説明する。

【Category A：意味・構造理解】
＊この文の構造と意味を理解する。

```
あなたは知っていますか　　　彼女が住んでいる場所を

現在　あなたは　知っている　　　場所　　彼女が　住んでいる
 Do  │ you │ know │  < │ where │ she │ live │ s │ >  ？

あなたは彼女が住んでいる場所を知っていますか？
＝あなたは彼女がどこに住んでいるか知っていますか？
```

【Category B：暗記】
＊この文を10回音読する／10回書くなどして，暗記する。

【Category C：入れ替え】
＊この文を基に，入れ替え練習をする。
〔例〕
Do you know where she wants to go?
　あなたは彼女が「行きたい場所を／どこに行きたいか」知っていますか？
Do you know how she made it?
　あなたは彼女が「これを作った方法を／どうやってこれを作ったか」知っていますか？
Do you know what she wanted to do?
　あなたは彼女が「したかったことを／何がしたかったか」知っていますか？

【Category D：初めて聞くこと／読むことを理解する，頭の中の言葉を言う／書く】
＊テストの長文問題やリスニング問題を含め，初めて読むものや聞くものの中に Tell me where I can get it. などの文があった場合に，その文の意味や構造が理解できる。
＊「疑問代名詞＋主語＋動詞…」という構造の文を言ったり書いたりできる。

　Category D は，外国人と話したり，手紙や E-mail のやり取りをしたりする場合にあてはめれば，相手の言うことを理解したり（Listening），相手からきた「初めて見る文章」を読んで理解したり（Reading），自分の考えや感想を相手に口頭で伝えたり（Speaking），文字を使って伝えたりする（Writing）ことを意味する。我々英語教師は，生徒や学生がこの Category D の活動ができるようになるため，日夜努力している。入試も Category D である。つまり，Category D こそが英語学習の到達目標であり，それができた時が一番喜びが大きい。

その目標へ至る過程で，Category D の喜びよりは小さいながらも，生徒が伸長感，達成感，満足感を最も多く得られるのが Category B と C の段階である。最初は Do you know where she lives? と目で追いながら言う。次第に見ないで言えるようになり，書けるようになる。その時に味わう伸長感。「すっかり暗記できた」という達成感。「一部単語を入れ替えて新しい文が作れた」という満足感。先生とハイタッチしたり，マルをつけてほめてもらった時の満足感。

しかし，これらの喜びを味わう前には，どうしても「理解」が必要になってくる。だからこそ，教師は「理解」の部分を懇切丁寧に行う。しかし，この親切心が仇になっているケースがいかに多いか。

「分かった！」という瞬間，つまり「理解」すること(Category A)は，最高にすばらしい時間だ。古代ギリシャの科学者アルキメデスは入浴中にいわゆる「アルキメデスの原理」がひらめき，「EUPHKA(ヘウレーカ＝分かった！／英語では eureka)！」と叫んで裸のまま町中を走った，という伝説があるとおり，「分かった！」という満足感は，人間(の脳)にとって最高の快感なのである。

第1章で「習熟→理解→習熟と行きつ戻りつすることで知識は定着し，ますます理解が深まる」と述べたとおり，B，C の活動をした後で Category A の活動をすることは，生徒に大きな満足感を与える。つまり伸長感・達成感・満足感をたくさん生徒に味わわせるためには，Category B，C の活動をたくさんして Category A につなげ，最後は Category D で締めくくる授業を行えばよいのである。

私の場合，重要文型や重要表現の練習，そして Writing と Speaking の学習は，広島大学教授の築道和明先生（当時島根大学）と2人で作った Talk and Talk（正進社）という教材で行い，Reading や Listening は教科書を使って行った。その後は，教科書を全社分そろえたり，高校の教科書を購入するなどして，多読をさせた。また，新聞や本などを利用して，使用教科書とは別の文章を自力で読ませる訓練をした。たとえば，One World という教科書を使って

地力をつけたら，教科書以外の読み物を使って Category D の活動をしてみなければ，生徒がどこまで到達したかは測れない。

　また，本当に理解したかどうかは，アウトプット活動をさせてみないと分からない。こういう診断的な学習活動が，最近の授業の中では少ないと思う。1対多の授業形態は楽だが，個々の生徒の到達度は測定できない。生徒と1対1で向き合わなければ，診断→処方→治療という流れは作れず，言葉は悪いが，治療（間違いを直す学習）をしっかりしなければ個々の生徒の英語力は伸びない。授業を通して生徒を伸ばせるかどうかは，いかにして1対1の状況を作り出すかにかかっている。

　すると，次に個人差が解決すべき課題となる。

3．5．4つの学習形態（個人・ペア・グループ・全体）と習熟度別学習

3．5．1　日米の「習熟度」の違い

　習熟のスピードが生徒によって違うのは当然である。それを解決する1つの方法として生み出されたのが「習熟度別授業」であり，実際に中学・高校では今，習熟度別学習が盛んに研究され，取り入れられている。現場の先生方は苦労しながら対応されていると思うが，はたしてどれほどの成果が出ているだろうか。

　現在日本で行われている習熟度別授業は，「それまでの学習到達度に対応した学力別の小クラス（グループ）をつくり，今後の学習についてはそれぞれ別々に指導していく」というやり方である。やさしい内容の授業を受けるグループ，（平均レベルのグループ，）より難度の高いレベルの内容をめざすグループに分けるのが一般的である。だが，このやり方はレベル分けであり，ややもすれば差別的ともいえないだろうか。

　私がアメリカで見てきた習熟度別授業（小学校）は全く違っていた。まず，本人と親と教師が三者面談を行うのであるが，親から

「私たちの子はどうしてもものを覚えるのが遅いのです。7年かかってもい

いですから，小学校の課程をきちんと修了させてください」
という要望があれば，6年以上かかっても小学校の課程をじっくり行い，習熟→応用・発展の段階までもっていく。

「わが子は学習速度が速いから，できれば4年くらいで小学校を終えるようにして，早めに中学に行かせてやりたい」

「うちの子は普通に6年でいいです」

　その地域では，このような親の声を聞き入れて，三者で子どもの個性や能力に合わせた「習熟度」を設定していた。だから飛び級も珍しいことではなく，15歳で大学に入る生徒が出てきたりするのである。もちろん，子ども自身も納得していなければいけないし，教師は本人の意思を尊重していた。

　日本の家庭では，末っ子を基準に呼び名が決まる。その子は，家族から「あさみ（ちゃん）」と呼ばれ，それ以外の家族構成員は，「かずひろ」や「かなえ」という名前ではなく，「お兄ちゃん」「お姉ちゃん」「お父さん」「お母さん」「おじいちゃん」「おばあちゃん」という続柄でお互いを呼ぶ。また，学校では，先輩後輩の区別がはっきりしており，留年するのはとても辛いことだと一般的に考えられている。

　一方，アメリカでは先輩後輩の区別があまりないし，家庭でも妻が夫を「お父さん」とは言わず，Bob というふうに名前で呼び，「お姉ちゃん」のような兄弟姉妹の上下関係もない。だからこそ，brother や sister が上下関係を持たない語となっている。ゆえに，学年差が厳しい上下関係を意味しておらず，年齢が下の児童と一緒に勉強することは恥ずかしいことではないと言われた。むしろ，学習内容を消化不良で卒業したら，その後ずっとハンディを背負って歩くことになり，そちらのほうがマイナスが大きいとおっしゃっていた。

　習熟するのに1週間程度かかることがらを，3日で終えられる子どももいれば10日かかる子どももいる。それぞれの生徒に必要なだけの時間をかけて，「全員が同じレベルまで修了することを目標にする」というのが，私がアメリカで知った習熟度別授業である。学習の速さ，生徒が修了までにかかる時間によって，習熟度の違いを見極め，個に応じて必要な教育を提供するのである。

分数を例にしてアメリカと日本を比べてみよう。「分数が分からないままで中学に行ったら困ります。だから分数ができるようになるまで小学校で徹底的にみてください。時間は倍かかってもいいです」というのがアメリカで知った考え方である。

　それに対して日本では，「この子は分数がよく分かるので，高進度クラスで勉強させましょう。この子どもは分数がまだ分からないのでもっと簡単なことをやらせましょう。でも与えられた時間は同じです」というやり方をしている。その結果，習熟が遅い子どもは6年修了までに算数のすべての学習内容を消化できず，中学校で数学についていけなくなる。奇しくも，ある小学校の先生が，「小学校における学級崩壊は，3，4年で加減乗除ができず，5，6年で算数が分からなくていらいらする児童が一因となっているケースが多々あります」とおっしゃっていた。

　私が中学校で担任していた生徒の中に，性格は抜群によく，皆に愛されていたが，学力も体力も低い生徒が何人かいた。彼らは高校受験に対応できず，中学を出てすぐ社会に出ないといけなかった。本来ならば，習熟に時間がかかる子どもこそ長い時間「学校という育成の場」に置いて，大人の手で手厚く教育するべきではないだろうか。

　日本の習熟度別クラスは，同じ時間内で違う学力を持つ生徒に対応しようとしているので，そもそも無理があると思う。しかし，私が見てきたアメリカの州のように，卒業年に個人差があることを容認する文化はない。そうなると，別な解決策を模索するしかないだろう。このことに関しては，第6章で詳述する。

3.5.2　教師の視線をどこに置くべきか

　「先生方は，どの学力レベルの子どもに焦点を当てて授業をしていらっしゃいますか？」

　この質問をすると，多くの先生方は「理解や習熟のスピードが遅い子どもに合わせて授業を進めています」と答えられる。そして，熱心な先生ほど全員が

分かるまでていねいに教えようとされ，slow learners（学ぶことが遅い生徒，late developers という呼び方もある）の指導に多大な時間を割いておられる。

では，fast learners はどれぐらい手厚くみていらっしゃるだろうか。

「先生，できました！」と嬉しそうに手を挙げた児童・生徒は，その後何をしているのだろうか。待っている，いや待たされているのではないか。伸長感・達成感・満足感を味わって，「分かった！」という快感にひたり，アルキメデスのように走り出したい気持ちになっている子が，「ちょっと待って」と言われて立ち止まり，延々と待たされる。そういう場面を何度か見たことがある。

slow learners は指導に時間がかかる。また，問題行動を起こす生徒も，向き合うのに時間とエネルギーを必要とする。真面目な先生ほど，slow learners や problem students にていねいに接する。これは素晴らしいことである。今後もぜひ続けていただきたい。ただし，ちょっと順番を変えてほしい。

私は以前，ある fast learner が「先生，できました」と呼んだ時，かかりきりになっている slow learners や problem students に夢中になりすぎて，fast learner に対して「ちょっと待っててな」と言ったことがある。しかし，そのうち彼の存在を忘れてしまった。卒業の時のアンケートにそのことを書かれるまで，すっかり忘れていたのである。彼はとてもいい子で，その時は待つだけ待って諦めたようだが，私のような性格の子であったら，「もう，早くしてよ。だいたい，何でそんな問題を起こす子ばかり見るの？ 真面目に頑張っている俺は見てくれんの？ それに，そいつら家で勉強してないやん。努力せんやつをみて，努力しているやつはほったらかしかい。もういい。先生なんか嫌いや」と思うであろう。勉強を頑張っている生徒たちにそっぽを向かれたら，授業は崩壊する。

それ以降，「先生，できました」と呼ばれたら，目の前の生徒に「ちょっと待っててな」と言って，呼んだ子のところに行くようにした。すると，「よっしゃ，正解。じゃあ，次このプリントやってみ。結構レベル高いぞ」と言って課題その2を渡して帰るまで，数十秒であることに気がついた。どこか間違っていて，「ああ，残念。あと1か所！」などと言って帰る時は，数秒しかかか

らない。fast learnersは、答え合わせをしてもらい、次にやることが明確になれば、また集中して長時間勉強に没頭する。そうなると、slow learnersやproblem studentsのところに戻り、じっくり心おきなく対応することができた。

　ある高校で、毎日予習を課しているが、3分の2の生徒がやってこないという。だから授業の冒頭は、やってきていない生徒にやらせる時間として位置づけておられた。そうなると、やってきた生徒が馬鹿をみる。なあんだ、授業でやればいいじゃん。これでは全員が宿題をやらなくなるかもしれない。それでもちゃんとやってきて、他の生徒が宿題を授業でやっている間、自分の勉強を進めているという生徒は必ずいる。その生徒を、どれぐらいこっそりほめているだろうか。そして、待たせたことに対してちゃんと謝っているだろうか。

　また、極力説明するのをやめて、Category B、Cの活動を中心にしていたはずの私の授業でも、全員に向けて説明を始めようとした時に生徒から、「先生、それ僕も聞かんといけませんか？」と言われてしまったことは第1章で述べた。習熟に時間がかかる子のケアも大切だが、そのために習熟のスピードが速い子が待たされ、我慢を強いられるのでは、本当の意味の平等とはいえない。

　授業には、個別学習、ペア学習、グループ学習、全体学習という、4つの形態がある。このうち、全体学習を除くと、全て差がでてくる。個人差、ペア差、グループ差に対応することはとても重要なことであり、授業では、終った生徒が暇にならないための準備が必要である。そのために、課題その2、その3、その4あたりまで用意しておく。これが、私がやってきた習熟度別授業である。

　このシステムは、うまく機能した。それまでは学習や活動が終ってしまって暇になった生徒、ペア、グループが遊び始め、私がその子たちを叱って授業がスムーズに流れなくなったこともあった。一方、課題その2以降を渡すと、生徒は最後に、「先生、いろいろ準備してくれてありがとう。しかも、高校レベルやセンター試験に向けたプリントまでくれるけん、すごく嬉しい。でも、準備が大変だと思うけん、無理せんでよ」と言ってもらった。こういう言葉をかけられると、うるうるきて、逆にもっと頑張ってしまう。

　頑張っている子を正当に評価し、頑張っている子が夢中になれるような授

業を作り，彼らが夢中になっている間に他の生徒に手を差しのべる。これが私のめざしたスタイルである。そしてそれを追求するうちに，満足した fast learners が友だちを手伝い始めるという，教え合い・学び合い学習が始まった。

トップ層がさらに伸びていく教材を用意することは，彼らの学力の伸長に寄与したばかりでなく，彼らの心も豊かにしていったのである。

3.6. ティームティーチングの Do's and Don'ts

3.6.1　1人では，できないこと

全体学習一辺倒の一斉授業をやめて，「個人」「ペア」「グループ」での学習を取り入れる。さらにトップ層を待たせずに，学習が遅れがちな子のケアをする。そのような授業で成果をだすのは，1人の教師の力だけでは絶対に実現不可能だ。生徒同士の支え合いは第6章に譲るとして，ここでは同僚や ALT とのティームティーチングで生徒を伸ばす方法を考えてみる。

語学では本来は個人教授が理想なのだから，先生の数は，多ければ多いほどよい。野球に投手コーチと内野コーチ，外野コーチ，打撃コーチなどがいるのと同じである。語学には断然，team teaching が向いている。

幸いなことに，現在では英語教育にティームティーチングが日常的に取り入れられるようになってきている。ALT は全国で4000人を超え，ほとんどの学校に ALT が配属されている。また，日本人の先生が2人で組むこともあるし，ALT が入ってトリプルティームティーチングをすることもある。さまざまな形態のティームティーチングがあると思うが，いずれの場合でも solo teaching よりもずっとよい効果があげられると思う。

ただし，それだけ効果が期待されるティームティーチングにも，やはり Do's and Don'ts は存在する。実際にティームティーチングを行う際に，先生方が気をつけるべきことは何かを考えてみよう。

私が考える最大の Do's ＝「すべきこと」は，「生徒を2人で分担して面倒をみる」ことである。せっかく教師が2名いるのだから，生徒のチャンスが2倍

になるようにすべきである。たとえばTalk and Talkのドリルをする時,「できた子からどんどん先生のところへ来なさい。どちらの先生でもいいよ」ということにすれば,生徒がチェックをしてもらえる確率は2倍になる。1人1分かかるとして,ソロティーチングでは40人で40分。生徒は1対1が基本である英語の授業で,先生に1回,しかも1分しか見てもらえないことになる。これが,2人先生がいると,2回は見てもらえる。

また,ALTがいる時は,ALTを最大限に生かす。彼らはnative English speakersである。英語の発音も日本人の先生よりうまいし,英文も簡単に作れる。ALTがいる授業で,日本人の先生がALTに劣る発音で生徒にRepeat after me.とやっておられるところを見ると,「え,何で？」と思ってしまう。ALTのauthenticityは大いに生かしたい。

私など,ある時ALTとのティームティーチングでインタビューテストをした時,生徒が全員ALTの前に並び,私のところに誰も来ないことがあった。「おい,なんやねんそれ。俺んとこも来いよ」と言ったら,ある女子生徒が"Excuse me, Mr. Tajiri. May I use a dictionary?"と言うので,"Sure."と答えた。するとその子は辞書でなにやら調べた後,にやっと笑って私の顔を見てこう言った。

"Mr. Tajiri, you are fake."

「おい,俺は偽物か！」

またやられた。

3.6.2　1人ではないから,やってはいけないこと

一方,最大のDon'ts＝「するべからず」は,全体指導をすることである。

たとえば教師2人でティームティーチングをする場合,それぞれが生徒を指導している最中に,一方の先生が「あー,これは説明が足りなかったな。みんな分かってない」と気づいたとする。その際,もう一方の先生に断りなく,「ちょっとみんな聞いて。説明するから」と教室の生徒全員を自分に向かせようとすることだけは,絶対にやってはいけないことである。やってはいけない

のだが，現実にはメインの先生によってこのような全体指導に入ってしまう事例がしばしば見られる。

　ティームティーチングでは役割上，メインの先生（T1）とサブの先生（T2）がいる。メインの先生は，自分が授業の責任者であるという思いからか，気づいたことがあるとつい全体に向かって声がけをしてしまう。しかしサブの先生にしてみれば，自分が生徒に指導している最中に何の断りもなくそれを中断されたのでは，存在を無視されたのと同じことになる。ないがしろにされたと感じ，傷ついたり，メインの先生に反感を持ったりしても不思議ではない。人間として当然の感情である。

　また，この時のメインの先生による全体への声がけは，生徒にとっても「一方的な中断」なのである。「みんなちょっと聞いて」と声をかけた瞬間は，生徒がもう少しで課題をクリアできる寸前だったかもしれないし，もう1人の先生に指導を受けて「あ，そうか」と分かりかけた瞬間だったかもしれない。知らず知らずのうちに生徒の学習意欲を摘んでしまっている可能性が高いのである。

　私もそういうことをする教員の1人だった。しかも，もっと悪いことに，事件を起こした授業ではメインではなかった。

　私はその授業でT2，つまりサブで入っていた。ところが，個別学習の時間に私のところに質問しに来た生徒がいて，彼に説明している間，次々と生徒が集まってきた。そこで私は遠巻きの生徒にも分かるように，T1の先生に「すみません，先生，私が説明していいですか」と伺ったところ，彼女は快く受けてくださった。つまり，私がメインの座を奪ってしまったのである。彼女は，翌日から私とのティームティーチングがある日は，学校を休むようになった。その時はいいですよとおっしゃってくださったが，サブの先生のところに生徒が集まり，その先生が全体に説明をする間，彼女はどんな気持ちで教室の片隅に立っていたのだろう。今でも彼女に対して申し訳なく，彼女の気持ちが分からなかったことに対して情けない気持ちでいっぱいである。

　ティームティーチングは，一種の組織活動である。組織で活動するには人間

関係がなにより大切だ。相手を思いやり，コミュニケーションを取り合うことが不可欠である。一方が全体説明が必要だと感じたら，もう一方に一声かけて相談するべきである。

「同じ間違いをしている子どもが多いので，一度全体説明しようと思いますが，先生のほうはあとどのくらい時間がかかりますか？」

あるいは

「同じ間違いをしている子どもが多いので，その子たちを集めて説明したほうがいいと思うのですが，先生が説明されますか。あるいは，私が説明して，先生がその間説明が要らない子たちを進めてもらうほうがいいでしょうか」など，相談をする。このような気配りが欠けると，ティームティーチングは職員の和を乱す。

ティームティーチングでは，T1，T2がお互いを思いやる気持ちがあってこそ，円滑で，間違えていない子を足止めすることもなく，ティームティーチングならではの授業を展開できる。まさに，「仲良くしなさい」と生徒に常々言っている教師の背中を，生徒に見られているのである。

3.6.3　ALTにはドクター役こそふさわしい

ティームティーチングでの役割分担で，最も間違えやすいのがALTの活用方法である。先生方の同僚であるALTは，授業のどのような場面で活躍しているだろうか？

Category Aの説明主体の授業，「理解」→「習熟」→「応用・発展」でいうところの「理解」に時間をかける授業をしている先生方は，ALTの先生と黒板の前に並んで立ち，一斉授業をしてしまうことが多い。このような授業では，ALTの活躍の場は限られてしまう。新出語句の発音，教科書本文の模範音読，新出表現の導入での対話相手。この3つぐらいしか仕事がない。あとは，黒板の横で手持ちぶさたな様子でじっと立っている。

私が転勤した直後に4か月ほど一緒に働いたALTが，こう言ったことがある。

「ゴロウ，僕は以前，自分がずっと何の役にも立たない人間だと思っていた。授業では JTE（日本人英語教師：Japanese Teacher of English）に何も期待されていなかった。僕はカセットプレーヤーと同じ。単語を読んで，本文を読んで，あとは用なし。ある授業で，時計を見るとあと20分残ってたんだけど，教室の窓からぼーっと景色を見ていたら，その20分が永遠に思えた。僕には存在価値などないと思うと，たまらなく辛かった」

ALT は，Category D の活動をするためにいる。それまでの学習の積み上げの結果，何ができるようになったかは，ALT と 1 対 1 で勝負させてこそ見えてくる。

ALT が一人ひとりの生徒と応用・発展の活動（Category D）をし，満点なら次へ進ませ，理解度が低い場合は Category A に戻し，練習量が不足していて流暢さに欠けている時は Category B に帰らせ，語句を入れ替えるととたんに理解できなくなったり，既習文の語句を入れ替えて自分が言いたいことを言うことができなかった場合などは，Category C の練習をもう少しやるよう，「ALT に」指示させる。つまり，Category D の活動は「診察・診断」であり，どこか病気やけがをしているところがあったら，それぞれの段階に合わせた処方箋を ALT と私とで渡すというやり方である。つまり，上達するまで復習し続けるのであり，それでこそ力が伸びると信じている。

ALT は一人ひとりをつぶさに観察することで，生徒理解を始める。あるALT が次のようなことを言った。

「7月に日本に初めてやってきて，一緒に来た ALT たちと文科省で研修を受けた後，それぞれの ALT は全国に散らばっていった。私はこの町にやってきて，教育委員会に連れて行かれた。でも，そこには英語が話せる人があまりいなく，寂しかった。その後，アパートに連れて行かれたが，テレビをつけてもすべて日本語。部屋にベッドはなく，初めて畳の上で布団を敷いて寝た。なかなか寝付かれず，目を開けたら，目の前に床（畳）が広がっていて，よけいに寝られなくなった。夏休み，毎日教育委員会に行ったが，特に仕事はなく，学校が始まるのを心待ちにしていた。やっとで新学期。どんな子たちなんだろう，

どんな授業なんだろう，自分は何ができるんだろうと期待していたが，授業では生徒を指名すると，笑いながら友だちのほうを向く。何なんだこれは！　と正直最初は思った。でも，自学帳をチェックすることで，一人ひとりの生徒が見えてきた。そして，自学帳を通してやりとりをする生徒ができた。授業でインタビューテストをするたびに，生徒を覚え始めた。1対1でインタビューをするから，印象に残るし，彼らも廊下ですれ違う時に話しかけてくれる。私は異国に来て，生徒と友だちになり，寂しくなくなった。また，授業で生徒を診断し，アドバイスをし，Category B や C の活動で手伝うと，自分が役に立っていると実感できた」

　こういう気持ちは，聞かなければ分からない。我々は十分に人の声に耳を傾けているだろうか。

　彼女の言葉のように，ALT は Category B や C の活動でも大活躍してくれる。Category D の活動が一段落し，生徒が Category B や Category C の活動に戻っている間，ALT はストップウォッチを使って暗記した英文を時間内に言わせたり，読み方や発音を直したり，単語の入れ替え練習に付き合ってくれる。そして生徒たちは，ALT と接する機会が多ければ多いほど楽しそうに学んでいる。

　彼女はまた，面白いことを言った。私が担当していなかった学年の生徒の作文をチェックした後，私のところに来てこう言った。

"Goro, I can correct the errors in their writing, but they repeat the same errors over and over again. I can correct THE sentences, but I can't make the kids stop making the same errors. I need some formats."

　その言葉を聞いて，さもありなんと思った私は，『自己表現　お助けブック』を取り出し，解説をした。彼女はいたく気に入ってくれて，すべてを英訳して使っていた。以来，ライティングのチェックをする時は『お助けブック ALT 版』を参照し，次々と板書＆間違い番号を書き込んでいた。最後は私よりよく覚えていて，生徒が間違うたびに，「それは D-28 のミスだよー」とす

かさず番号を言うので，生徒たちからは尊敬されていた。

　英語の授業にはティームティーチングが欠かせない。だからこそ，その Do's and Don'ts をしっかり押さえておくことが大切だ。チームの先生方の人格を尊重し，よいコミュニケーションを築くこと。生徒の学習の機会を奪わないこと。一斉指導をしないこと。そこに気をつけないと，せっかくの team teaching が意味のないものに終ってしまう。

第4章

家庭学習のさせ方

　授業の仕方をいかに工夫しても，それだけで英語教育の問題をすべて解決できることはありえない。「習熟」の時間を充実させるため，生徒の英語力を高めるためには，どうしても家庭学習が必要になってくる。いや，むしろ逆に家庭学習が英語学習の要だといっても過言ではないだろう。何と言っても英語は，トレーニングの教科である。

4.1. 家庭学習を体験させる

4.1.1　学習者の努力こそ英語力の源
　日本にいながら流暢な英会話ができるほど英語を習得し，自分は英語が得意で，英語が大好きであるという人に，こう尋ねたとしよう。
　「あなたの英語がそれほどまでに上達したのは，どのような勉強をしたからですか。そしてそのうち『先生に教わった』部分は何パーセントくらいですか？」
　この問いかけに対して「100％先生のお力です」と答える人はまずいないはずである。「先生がつきっきりで教えてくださったおかげで，英語がペラペラになりました」などという人は絶対にいない。英語をマスターするには相応の学習時間が必要であるが，その時間のほとんどは，本人が1人で努力した時間である。
　自分たちの経験を振り返れば，容易に思い当たるはずだ。英語の教員になることをめざす人は，学生時代から英語が好きであるとか，得意であるという人たちである。英語が好きだからより上達したいと思い，ラジオやテレビの講座を視聴したり教材を使ったりして，自ら進んで英語を勉強する。その結果英語

が得意になり，さらに上達して英語を教える立場にまで行き着く。つまり，英語の先生方は，本来苦痛をともなう膨大な学習時間を，あまり苦痛を感じずにこなしてきた人たちであり，家庭での自学の結果，英語学習で成果を残してきた方々である。

なのに！ 授業では教える。そして，自分が好きだった英語を好きになってもらおうとする前に，入試対策をする。好きこそものの上手なれ，なのに。英語が好きになってくれて，家庭で自主的に学習してくれたら，英語力は伸びるのに。先生方もそうであったように。

週何時間かの授業だけで，英語はできるようにはならない。大人が英会話学校に行っても，英語ができるようにならないのと同じである。

私は25年以上，NHK のラジオ講座を聞き続けている。毎日放送を録音して聞き，真似をし，音読をする（最近は聞くだけでも精一杯ですが…）。そして，この文いいなあと思ったものを暗記し，その文を使う場面を想定してシミュレーションし，ALT をはじめとする外国の人たち相手に実際に使ってみるという流れで，英語力を磨いている。

このプロセスの最後に位置する，「外国の人たち相手に実際に使ってみる」というのが英会話学校であって，そこに行くまでに普段から家庭学習をしていなければ，ほとんど上達は望めない。たった週1時間や2時間の英会話学校で，英語ができるようになればいいと思うこと自体が間違いである。

授業とは，極言すれば，家庭学習を体験する場である。この続きを家でやろうと思ってもらってこそ，上達が望める。教師が教えるよりも，生徒が学び始めるほうがずっと大切である。そう考えているうちに，授業で家庭学習を体験させる月間を作ってしまった。

4.1.2　家庭学習の「やり方」を授業で教える

中1は，4月に英語の音に親しませ，文字と音の関係を中心に勉強をする。連休明けからは，授業中に利用するドリル教材 Talk and Talk の使い方を1か月かけて体験させる。ドリル教材を使ったのは，教科書準拠のワークブックは

教科書本文に関する問題が多く，キーセンテンスの Category C のドリル数が足りないと思うからである。

　中1の5月は，文字と格闘する時でもある。黒板に書かれている英単語や英文をノートに正しく写せないわ，小文字の形がでたらめだわ，単語と単語はひっつくわ，小文字は上下に飛び跳ねるわ，そりゃもう頭が痛いことこの上ない。英語教師をしていて一番辛いのがこの時期。「頑張っているね」とほめる裏には，「何でこんなことも書けないんだ！」といらだつ自分がいる。

　生徒もいらいらして，「あー，もう。英語なんて大嫌いだ！」と叫ぶ。まだ黒板の英文をすらすら読めず，少しずつ文字を頭にインプットしてノートに目を移し，記憶した文字をノートに書き込む。それは，すぐに頭から逃げていくので，また黒板を見る。そして何やらぶつぶつつぶやいたら，またノートに移動する。これを繰り返しているうちに，「あー，いらいらする」と言ったり，黒板とノートを交互に見ているうちに，「吐き気がしてきた」と言った子もいた。これには笑ってしまったが，またまたヒントをもらった。

　「黒板とノートは距離があるから写すのが大変。ノートの横にある英文を写させればいいんだ」

　かくして，板書は極力せず，板書すべきことをプリントにするというやり方にシフトした。すると生徒は，ノートのすぐ横にある英文を写すほうがずっと楽だと言い始めた。この時期はまだ文字と音の関連（phonics）の勉強を始めて間もないので，英単語を象形文字のようにひとまとまりの形として暗記する生徒が多い。だから，ノートのすぐ横にあるほうが楽なのだ。それでも彼らはひーひー言った。

　「ここを乗り越えなければ，中3になっても文字が読めない，書けないという悲惨な状態になるぞ」

という私の脅しにも似た叱咤激励でむち打たれ，あげくのはてに島根県の公立高校入試問題，私立高校入試問題，高専の入試問題の本物を数十部見せられ，殺し文句を言われる。

　「これだけの英文を読み，答えなければ高校は入れないのだ。しかも，50分

でな」

「え〜！」

　私の生徒は，中1の4月は英語って楽しいと言うが，5月は英語の授業がうっとうしくてたまらないと言う。しかし，6月になると，また楽しくなってきたと言い始める。何で？　と尋ねると，字を書いても間違わなくなってきたし，すらすら写せるようになったからと答える。その時，彼らのノートは半分あたりにきている。それぐらい，耐えて，続けて，乗り越えさせなければ，喜びはないということだろう。

　Talk and Talk は，モデルダイアログの一部を別な語句に変え，同じフォーマットで文型ドリルをするという Category C, および Category D のドリル本である。

Talk and Talk のやりかた

1　モデルダイアログをまとめる。（例：p.5, Part ②）

　モデルダイアログを分析したプリントを出しますが，自分なりに加工してもかまいませんし，将来的には自分でまとめられるようになってください。

　　　　イコールですか　あなたは　1人の　　　野球　　　選手
A：Are　you　a　baseball player?
　　　└─パー3（『お助けブック』p.6）　（あなたは野球選手ですか？）

　　　　　　┌─カンマ（,）は下から2番目の線上に書く。
　　　はい　│　僕は　イコールです
B：Yes , I am . （a baseball player が省略されている）
　　　　　└─パー1　　　　　　　　　　（はい，そうです。）

　　　　イコールですか　あなたは　1人の　　上手な　　野球　　選手
A：Are　you　a　good baseball player?
　　F-1（『お助けブック』p.40）　（あなたは上手な野球選手ですか？）

　　　　　　　┌─I am の短縮形なので，ひっつけて書く。
　　　いいえ　僕はイコール　ではありません
B：No , I'm not . （a baseball player が省略されている）
　　パー2，F-9　　　　　　　　　　（いいえ，そうではありません。）

┌─アポストロフィ（'）は上から2番目の線上に書く。
<small>僕はイコール ではありません 1人の 上手な   野球   選手</small>
I'm   not   a good baseball player.

(僕は上手な野球選手ではありません。)

2　問題に取り組む

　各ページの問題は，入れ替えるべき語句が書いてあります。それをモデルダイアログの語句と入れ替えます。太字の部分がヒントとなっています。英文の下には日本語で意味を書くようにしましょう。最後の「自分で作ろう」というところは，やってもやらなくてもかまいません。

　分からない単語がある時は，Talk and Talk（これからは T&T と省略して書きます）の巻末に「グロッサリー」（glossary：小辞典という意味）がありますので，それを参考にしてください。なお，グロッサリーでは語句がアルファベット順に並んでいます。

(例：p.5, Part ②)

1.

　A：Are you a student?
　　　あなたは生徒ですか？

　B：Yes, I am.
　　　はい，そうです。

　A：Are you a good student?
　　　あなたはいい生徒ですか？

　B：No, I'm not. I'm not a good student.
　　　いいえ，違います。僕はいい生徒ではありません。

2.

　A：Are you a teacher?
　　　あなたは先生ですか？

　B：Yes, I am.
　　　はい，そうです。

> A : Are you a good teacher?
> 　　あなたはいい先生ですか？
> B : No, I'm not. I'm not a good teacher.
> 　　いいえ，違います。私はいい先生ではありません。
> 3.
> A : Are you a doctor?
> 　　あなたは医者ですか？
> B : Yes, I am.
> 　　はい，そうです。
> A : Are you a good doctor?
> 　　あなたはいい医者ですか？
> B : No, I'm not. I'm not a good doctor.
> 　　いいえ，違います。私はいい医者ではありません。
> というふうに，それ以下の問題にもチャレンジしましょう。

　そのやり方を全員がマスターするには，1か月かかる。大人からみれば信じられないだろうが，生徒は大人が信じられないぐらい分かってくれない。特に中1の1学期は教師も修行の時である。とにかく，耐える。お互いが耐える。
　p.92の図7は，Talk and Talk Book 1, Part 3, つまり上記プリントで説明したPart 2の次の単元である。p.93の図8は，英語がよくできる男子生徒の自学帳。彼でも，ここまでたどり着くには数週間かかった。
　このように，家庭学習のやり方をマスターさせるのは，容易ではない。だからこそ，中学校入学直後に1か月ほど家庭学習体験学習月間をもうけ，じっくりじっくり付き合う。fast learnersはすぐにやり方をつかみ，自学帳が提出され始める。ここからまた新たな格闘が始まる。
　しかし，生徒とノートを通じてやりとりし，お互いが苦労して自学帳に学習と点検を展開し，教師が温かいコメントを書いてやることで人間関係，信頼関係が築かれ始める。これが，大きな意味をもってくる。

3 You aren't a bad student.

A : You aren't a bad **student**.
B : Yes, I am. I'm a very bad **student**.
A : No, you aren't.
B : Yes, I am!
A : No, you aren't. You are a good **student**.

1 girl
2 boy
3 teacher
4 soccer player
5 basketball player
6 doctor
7 nurse
8 carpenter
9 自分で作ってみよう

図7　Talk and Talk の単元例　『Talk and Talk Book 1』（正進社）

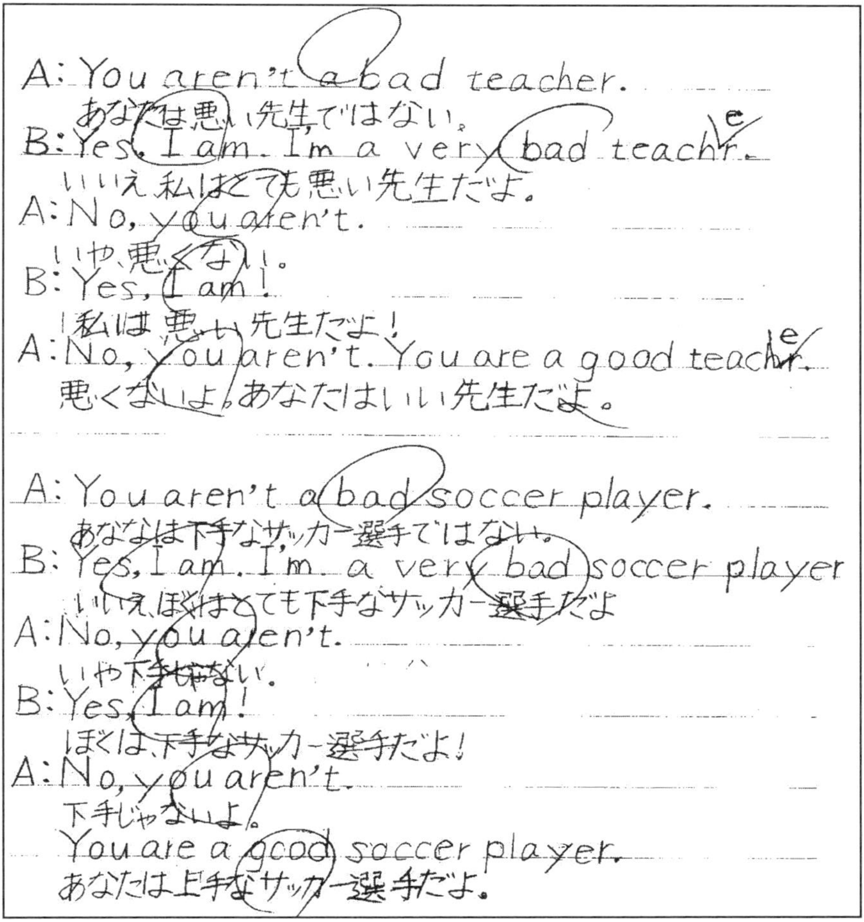

第4章　家庭学習のさせ方

```
A: You aren't a bad teacher.
   あなたは悪い先生ではない。
B: Yes, I am. I'm a very bad teacher.
   いいえ、私はとても悪い先生だよ。
A: No, you aren't.
   いや、悪くない。
B: Yes, I am!
   私は悪い先生だよ！
A: No, you aren't. You are a good teacher.
   悪くないよ。あなたはいい先生だよ。

A: You aren't a bad soccer player.
   あなたは下手なサッカー選手ではない。
B: Yes, I am. I'm a very bad soccer player.
   いいえ、ぼくはとても下手なサッカー選手だよ。
A: No, you aren't.
   いや下手じゃない。
B: Yes, I am!
   ぼくは、下手なサッカー選手だよ！
A: No, you aren't.
   下手じゃないよ。
   You are a good soccer player.
   あなたは上手なサッカー選手だよ。
```

図8　Talk and Talk の自学帳

　私は転勤して3年生を担当した時も，自学のやり方（家庭学習のやり方）を彼らに体験させたが，5月になるとPTA役員をしていらっしゃる保護者の方が職員室に来られ，一仕事終えてから私のところに来られるようになった。

　「こんにちは。○○の母です。先生が来られてから，子どもがよく英語の勉

強をするようになりました。何を勉強していいか，分かるようになったと喜んでおります。今後ともよろしくお願いいたします」

　教師の評価は，夕食の食卓で決まる。そこで，生徒が英語の授業の話を楽しそうにしてくれたり，自学のことを嬉しそうに語ってくれたりすると，学校経営にもプラス面が出てくる。その意味で，明確な家庭学習の方法を教えることはとても重要である。

４．２．細かいチェックと手書きのコメント
　　～教師の本気が生徒のやる気を生む～

　保護者は子どもが学校にいる時，こっそりノートをのぞき見することがある。その時も，学校評価をされる瞬間である。

　教師の細かいチェックが入っており，手書きで励ましやほめ言葉がたくさん書いてあるノートと，「見ました」だけの文字や，検印だけのノートでは，保護者の印象も全く違う。学校が荒れた時，保護者を呼んで学校をパトロールしてもらうことがある。その保護者が，「先生たちも頑張っているから，地域が一体となって学校を健全化しよう」と思って協力してくださるか，臨時に招集された保護者会で，「あんたらは子どもには努力を強制し，自分たちは検印だけで済ませる。検印だけってことは，生徒一人ひとりをちゃんと見てないことに等しいじゃないか。平素子どものために一生懸命働いていないから，生徒が信頼せず，こういう事態を引き起こすんじゃないのか？」と思われてしまうかは，雲泥の差がある。だから，家庭学習はやり方を教えるだけでなく，生徒が頑張ってやってきたことに対して，教師が誠意を持って点検・アドバイスし，努力を称える言葉を自筆で残してやることが大切である。

　生徒も，それがとても嬉しい。私の生徒は，朝学校に来たら職員室前に置いてある自学ボックスに自学帳を入れ，帰宅する直前に自学ボックスから自学帳を取って帰った。放課後，ノートを取って帰る際に，職員室前で生徒はよく自学帳を開いていた。その時彼らが一番最初に見るのは，その日の最後の部分に書いてある教師のコメント。にやっとしてから，今度は間違いチェックが入

っていないかを見る。そして，「おー，ノートが真っ赤っかだ！」と叫んだり，「よっしゃ，今日はノーミス。俺って天才！」などと声を出す。

　私とALTは，それまでのところで生徒の自学帳を見ておかないといけないから，終日息つく間もなくノートチェックをしていたが，それだけの価値はあった。

　私は生徒に，自学帳には1冊目から通し番号でページ数を打たせた。数字は具体的で分かりやすく，努力の指標になるからである。ノート1冊は，だいたい60ページ。自学帳は最後のページまできたら，反省と感想を書くのが約束事である。

　彼らは，「英語は大変だし，家庭学習っていわれても最初は何をすればいいか分からなかった。でもやり方が分かってきたので面白くなりました」などと書く生徒が多かった。2冊目に入り100ページに達した生徒が，1時間目が終ってから職員室に走ってきてこう言った。

　「先生，もう俺の自学帳見ましたか。俺，100ページに行きましたよ！　なんか，すげえ嬉しい。で，先生，100ページに行ったの，他に誰がいますか。俺，何番目っすか」

　「ええっと，11人目かな」

　「えー，11番目？　じゃあ，誰と誰が100ページ行ったんですか。そうか，AさんとB君も行ったのか。……えっ，じゃあ先生はもう1000ページ以上もノート見たってこと?!」

　「そうだよな」

　「でも，他の人のも見てますよね。で，この学年は152人おるけん…。先生，今まで全部で何ページ見たんっすか」

　「3学期末にアンケートで書いてもらうので，その時集計して教えてあげるわな」

　彼はそのノートが終了した時，最後のページにこう書いてくれた。

　「みんなのノートを1日で見るのは大変だと思いますが，よろしくお願いします」　生徒は本当にかわいい。

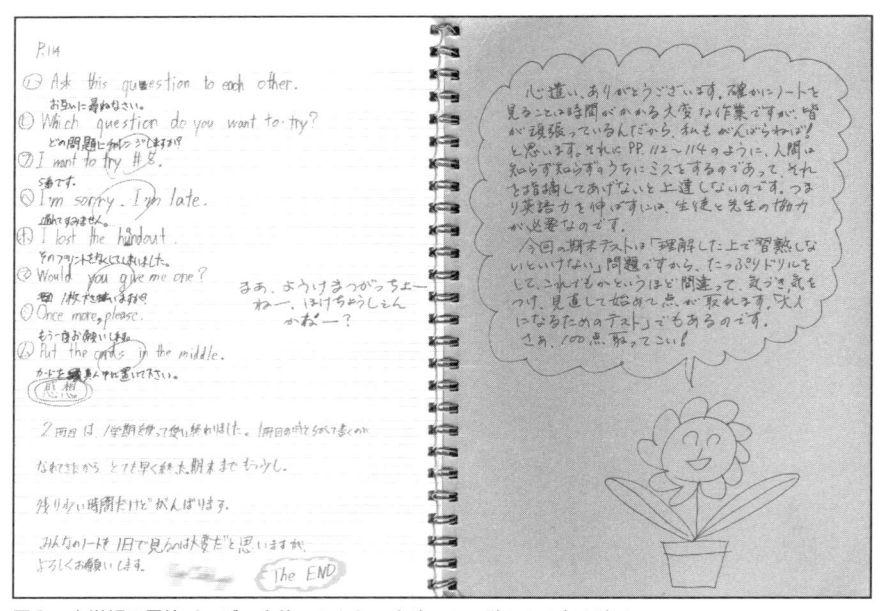

図9　自学帳の最終ページ　生徒のやさしい心遣いに，逆にやる気が出る。

　なお，fast learners について補足すると，彼らはやり方が分かってくるとどんどん進み始める。ただ，未習のところをやろうとする時は，見極めが必要である。まだ無理なところをやると，ミスだらけで手の施しようがなくなる時があるからである。どうしても進めたい時は，p.89のようなモデルダイアログの解説プリントを渡してやる。

　このように，fast learners のために先手，先手を打っていないと彼らの意欲をそぐことになる。それだけは避けたい。以前，職員室で他学年の生徒が，担当の先生に「先生，自学をしてきたのでノートを見ていただけますか」とノートを差し出したところ，「この学年は自学をやっていないの。だからあなたのノートを見たら，全員見てあげないといけなくなるから，それはできないの。ごめんね」と言って断られた。その先生は一生懸命教科書の指導書を読んでおられた。本末転倒である。

　真面目な先生だが，私にとってかなり衝撃的なシーンだったので，その場面

でどう話しかけてあげればよいか，悩んだ。そして，その生徒にもどう声をかけていいか迷った。結局何もできなくて，失望して職員室を出て行くその男子生徒を見送るしかなかった。以来，その時の胸の痛みが忘れられない。

その数年後，私の教え子が高校に入学後，同じような経験をした。彼はそれで高校で勉強する気がなくなったと言った。その高校は，中高連絡会で「最近の生徒は勉強しなくて困っています。今年度の調査では，家庭学習時間が平均で1時間を切りました」と言っておられた。教師が芽を摘み取っていては，当然の結果だろうと思う。

4.3. 学習の段階をチェックさせる
〜 Category A 〜 D の見極めと Can Do リスト〜

```
Category A……意味・構造理解              ←→ 理解
         B……暗記                          ←→ 習熟①
         C……入れ替え（パターンプラクティス） ←→ 習熟②
         D……初めて聞くこと(L)／読む(R)を理解する ←→ 応用・発展
            頭の中の言葉を言う(S)／書く(W)
```

家庭学習を成功させるために，生徒に確認させたいことが1つある。今自分がしている勉強は学習段階 Category A 〜 D のどれにあたるのか，自分で判断し確認する習慣をつけさせることだ。

これは生徒にとって，特に難しいことではない。授業の中で，今行った活動が Category A 〜 D のうちどれにあたるか，その都度意識させるようにすれば，自然に生徒たちもその判断ができるようになる。

「先生，教科書本文の暗記ができたから，聞いてください！」

「やった，できたな。今のは Category B だから，次は C の入れ替えもできるか挑戦しよう！」

「先生，本文の中から何でもいいから1文言ってみてください！ 部分的に単語を入れ替えて新しい英文を作るから」

「おっ，Cができたんだね。おめでとう！ 最終的にはDが目標だから頑張ろう」

そうすると生徒のほうから，「そうか，DってALTの先生とやってる日記とかインタビューのことですよね。次にALTの先生いつ来るんですか？」とその日を心待ちにするようになる。生徒自身が「できた！」と実感したタイミングで，「今のはBだよ」「Cだよ」といちいち言うようにすれば，Category A～Dの判断にも慣れてくるし，「次は何を勉強すればいいのか？」と自分で考え，それを求めるようになる。自分の学習がどの段階にあるかを知ることはメタ認知であり，とても大切なことだと考える。

次はCan Doリストの使い方についてである。Can Doリストを利用されている先生方は多いかもしれないが，どうも間違った方向に行っているように思う。授業がある程度進んだところで生徒にリストを渡し，項目ごとに『できる』『できない』かを記入させる。それを集めて統計をとり，何がどれぐらいできるようになったかを調べられる。自己評価をさせるという点においてメタ認知を促すわけだから，それはそれで意味があるとは思うが，「本校では〇％の生徒が～ができると答えています」と研究発表されているのを見ると，首をかしげてしまう。

このようなアンケート形式では，できていなくても「まあ自分的には『できる』かな」と甘く自己採点する生徒もいるだろうし，本当はできるけれど自信がないから，「まだ『できる』にはマルはつけられない」と自分を過小評価する生徒もいるだろう。そうなると，平均すれば信頼のできる数値に結果的には落ち着くかもしれないが，あくまでも主観的な意見であり，客観的な数値とは言いがたい。

Can Doリストは具体的な到達目標である。教師が生徒に何ができるようになってほしいと願っているかが凝縮された「到達度点検表」であり，その項目の1つができるようになったと宣言する生徒に，「よーし，本当にできるかどうかチェックしてやる。勝負だ！」と教師が挑み，生徒が教師の目の前でできることを証明していくのが英語の授業である。教師が「まいりました」と言っ

てスティッカーを差し出し，誇らしげに1枚選んで点検表に貼っていく生徒を見るのは，楽しいことであるし，生徒は「よーし，次も頑張るぞ！」と言って家庭学習に力を入れる。

彼らは，授業が始まってからおもむろに練習していても間に合わないことを知っている。みんな点検表にスティッカーを貼りたくて，授業が始まる前からテストを受けようと並んでいるからである。だから練習は家庭で万全にしておき，授業は勝負の場となる。

Can Doリストは，このように生徒の家庭学習の具体的な指針でもあり，生徒が伸びるために活用されなければならない。

4.4. 成績の透明化

次は生徒のやる気の引き出し方についてである。一番の方法は，成績のつけ方を明示することである（p.49参照）。そして，それは学期初めに宣言する。たとえば，2007年1年3学期の成績のつけ方は，1月9日の最初の授業で公開し，期末テストの予告と練習問題を渡した。そして次にこう言った。

「あけましておめでとうございます。今年もよろしくお願いします。んで，今日何日？　期末テスト何月何日？　そうよなあ。2月27，28日だよなあ。今から何日後？　そのとおり！　ちょうど50日後だよなあ。えー，もう50日しかないの！　最低5教科のテストはあるとして，1教科あたり，10日しかないじゃーん！　へっへっへ。さあ，どうする諸君」

生徒は「うぉー，正月気分吹っ飛んだー」などというリアクションをして頭を抱えた。

1年3学期は，インタビューテストも3本あるので，すぐに行動開始である。それらのインタビューテストは，Talk and Talkと教科書を使って複合的に作成したもので，各ページをしっかりやった上で，それらを繰り返し復習していかなければ点数が取れない。ここからまた格闘が始まった。

学期初めに，どのような活動が何点で，期末テストが何点満点で，合計何

点で何パーセントが評定5なのか，4なのかなどを明らかにすれば，まずfast learnersが動き始める。さらにテスト予告プリントと練習問題がついていると，彼らは早速質問してくる。「どうやれば点が取れますか」と。そしてその後，何回か練習問題を作ってあげる中で生徒は学力を伸ばし，間違ったところを言われなくてもやり直しをして提出し，最後は「何度も練習問題を作ってくださってありがとうございました」と言ってくれる。

　実は，テスト練習問題とその解答を作るのは実に骨が折れる。「解答」じゃなくて，「解答と解説」を作ってくださいなどと言われると，言葉も出なかった。でも，彼らはテストでいい点が取りたいから頑張る。こちらもその期待に応えたいと思って，骨を折って予告問題や解答と解説プリントを作る。これは，まるで登山のようなものである。

「あの山に登るぞ」

「えー，無理だ！」

「いや，先生も一緒に登るから頑張ろう」

　大切なことは，一緒に登ることだと思う。生徒に高い山を指差し，「登ってこい」ではついてこない。一緒に苦労するからこそ一体感が生まれる。

「先生，やっと5合目まで来た感じ。今だったらまだ50点だわ。でも，頑張るけん」

　こんな会話，したことありますか。この仕事って，大変だけど，こたえられんなあと思う。生徒に付き合えば付き合うほど，伸びを感じられるからである。

　このように，評価法とテストを透明化することで，学校の授業と，家庭学習と，成績とのつながりが明確になり，学習の成果が確実に上がるようになる。

　大学でも，学生に「前回までのポイントと到達度」を見せているが，彼らはこれをとても気にしている。授業が5回を過ぎた頃にこれを見せて，「頑張って単位取れよ。取らなかったら，来年また1からやり直しだぞ」と言うと，「俺，頑張ろ」という声が聞こえてくる。そして，その時点で100％の達成率の学生は，最後まで100％にこだわることが多い。

　大学入試も終え目標を失い，英語専攻でもなく，単位さえ取れればいいと思

っている学生でも，到達率を見せると，やはり少しでもいい成績を取りたいと思い始める。そして，授業の内容が面白いと，勝手に調べ学習をしてきて，英語でレポートを書いたりする。数字のマジックを利用しつつ，学生や生徒が引き込まれるような授業をしてこそ，自主的な学習が期待できる。やはり，学問は面白くなくては。

4.5. ライティング指導

4.5.1 ライティングは「語順」が鍵

「聞く」「話す」「読む」「書く」という英語の4技能のうち，「話す」練習を家庭で行うのは難しい。そのため，家庭学習では「読む」「書く」が中心となるだろう。

ライティングに関しては，おそらく多くの先生方は，Category C のドリルはできても，Category D の英作文は難しいので家庭学習でやらせてもあまり成果は上がらない，自学では無理だろうと思っているのではないだろうか。けれども，実際に生徒にやらせてみると，「ライティングの勉強は楽しい」と言う生徒は意外なほど多い。中には，小学校の「せんせい，あのね帳」のように，頻繁に英文で私に何かを語りかけてくる生徒も各学年にいた（p.102の図10参照）。英語を学ぶからには，英語で自分の思ったこと，言いたいことを自由に書ける（言える）ようになりたいという憧れは誰にでもある。その気持ちを満たせるようにうまく指導すれば，ライティングは英語学習の大きな喜びとなる。

中学の英語では，2年生の1学期が本格的なライティング指導をスタートする時期である。中1では語順とそれを構成する要素について学習するが，何となく分かった程度である。スポーツでいうと，何か新しい技術を教えてもらい，コーチに見てもらいながら少しやってみた程度であり，この後，個人練習に入ると，とたんにでたらめになる。全く同じことが英語学習でもあてはまる。

p.104の図11は，とても優秀な生徒の自学帳の写しであるが，1年の時にあれほど口が酸っぱくなるほど言った英語の語順をすっかり忘れてしまって，む

今日は2本作文したね。いつもすごいけど、今日のはまた魂が入ってた！

467

だんだん

Tursday, December 18th

田尻先生へ、
水曜日の自学の手紙を
清書しました。内容は
同じだけど時間に余裕
がある日に、みてください。
悠久

(Happy Christmasっていい歌だね。)

We listened to good song. This song's name is "Happy Christmas". John lenon made it. It's a very good song. I liked it. He said, "WAR IS OVER! If you want it." I want it too. I want to tell this words (message) to world people (people in the world), but we are waring (at war) now. I can't understand. Why do we have to war? We make many victims. The world have black people and white people, but we are the same people. So we must not war, but we are going to war now. I am sad. I want to cry. I think we have to be happy. I hope "World people will be happy soon". Mr. Tajiri. thank you for telling us this song. THE WORLD IS SO WRONG!!

My pleasure. I'm glad you liked the song.

今、世界は戦争をやめようとしているのではなく、新たに争いを始めようとしています。これほど悲しいことは、ありません。戦争で、たくさんの人たちが傷付くのを、もう見たくないです。人間という仲間同士で争いをするなんて、おかしい。私たちに出来ることは、このうたをたくさんの人に伝えることですね。戦いは、もうやめよう。とにかく悲しいだけだから。

図10　自らの思いを自由に綴った自学帳

ちゃくちゃな英文を書いている。maned というのは，many を過去形にしたらしい。そういう応用力があるだけでも学力の高さはうかがい知れるが，彼女ですら，語順を忘れたらこういう文になってしまう。

これは，手の施しようがないと思った私は，職員室で別の用事をすませた彼女を呼んでこう言った。

「なあ，この作文をする時，語順一覧表を使った？」

すると本人。

「あー，忘れてました！」

翌日再提出されたノート（p.105の図12）を見ると，かなりすっきりした。語順を意識するかどうかは，これほど大きな違いを生み出す。まだまだ間違いがあったり，私がミスを見逃してしまった部分などが残っているが，このページは彼女の成長を示す貴重な証拠である。

英語の語順が固まってくると，多少のミスはあっても言いたいことは伝わる。そうなると，生徒は家庭学習で日記を書くようになる（p.102の図10はその一例）。その日記から，学校では知ることのできない本人の姿が見えたり，日本語では言えない悩みを英語で綴ったり，授業の感想などを英語で書いてくるようになる。

ある日，とてもおとなしくて笑顔を絶やさなかった生徒が，英語で日記を書いてきた。彼女は転勤した年に担当した3年生だったので，私はまだ彼女のことをよく理解できていなかった。しかし，よほど苦しかったのであろう。彼女は自分が人間関係で苦しんでいることを切々と綴ってきた。驚いた私は，すぐに養護の先生と担任の先生に連絡し，対応を相談した。「日本語では書けないけど，英語だったら書ける」この言葉を私は生徒から何度聞かされただろう。自学帳（家庭学習ノート）は，生徒と教師をつなぐ架け橋でもある。

4.5.2　キーセンテンスからライティングへ

ライティングの学習において有効だった第2の鍵は，「キーセンテンス(教科書新出重要文)＋1」の活動である。「make＋人＋形容詞」という表現が出て

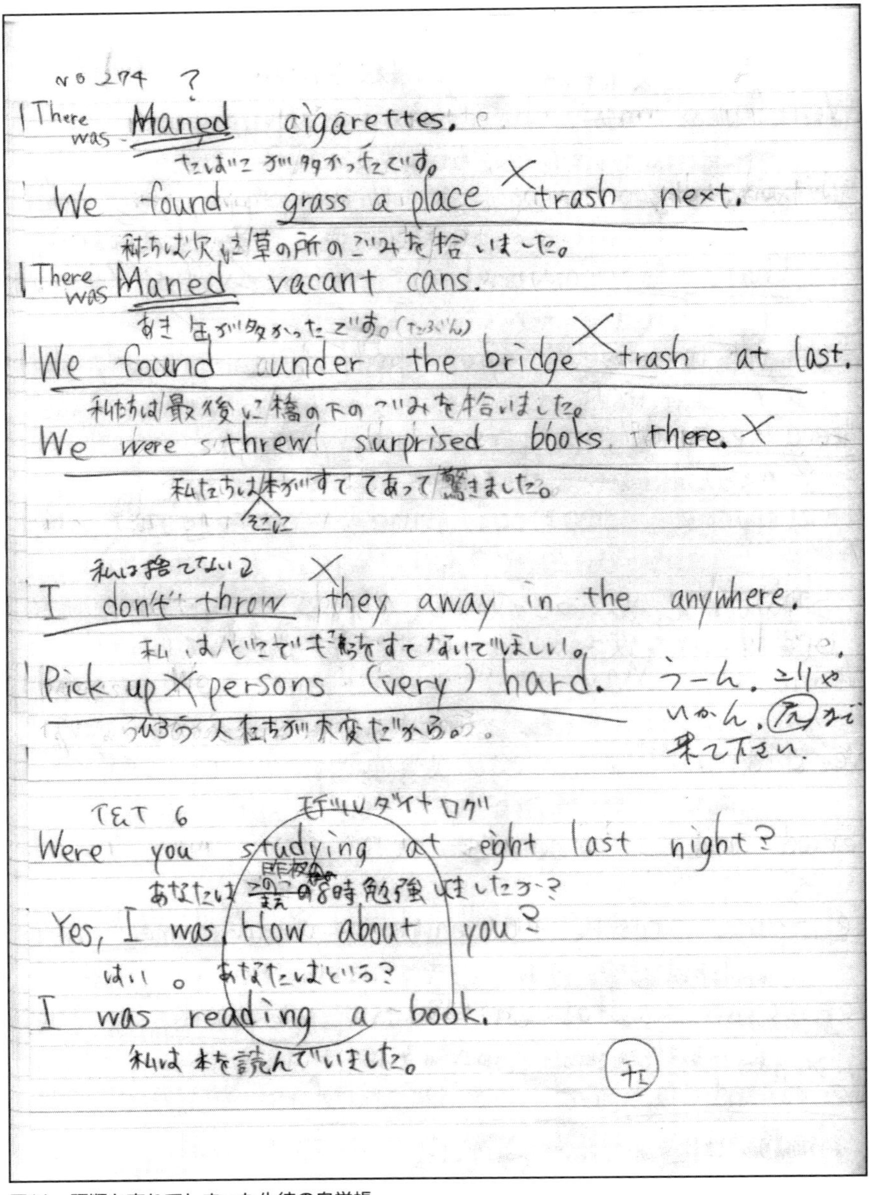

NO 274 ?

There was Maned cigarettes.

たばこが多かったです。

We found grass a place trash next.

私たちは次に草の所のごみを拾いました。

There was Maned vacant cans.

あき缶が多かったです。(たぶん)

We found under the bridge trash at last.

私たちは最後に橋の下のごみを拾いました。

We were threw surprised books there.

私たちは本がすててあって驚きました。

そこに

私は捨てないよ

I don't throw they away in the anywhere.

私はどこでも物をすてないでほしい。

Pick up persons (very) hard.

ひろう人たちが大変だから。

うーん。こりゃいかん。元まで来て下さい。

T.E.T 6 モデルダイアログ

Were you studying at eight last night?

あなたは昨夜8時勉強していましたか？

Yes, I was. How about you?

はい。あなたはどう？

I was reading a book.

私は本を読んでいました。

千E

図11　語順を忘れてしまった生徒の自学帳

第4章　家庭学習のさせ方

```
                                            NO. 279
There were many cigarettes.
  たばこがタダだかったです。  ←本当はcigarette butts ←吸い殻
We picked trash in the grass next.
  私たちは次に草の所のゴミを拾いました。
There were many vacant cans.
  あき缶がタダかったです。
We picked trash under the bridge at last
  私たちは最後に橋の下のゴミを拾いました。
We found comic books there.
  私たちはそこでマンガを見つけました。
I hope run out poisute. ←日本語
                        ←語順, L-9
  私はポイすてがなくなることを望みます。
I don't poisute. 英語で書こう
  私はポイすてをしません。              チェ
```

どう？ミスが続出し、どこをどう直していいかよく分かるでしょ。外国語がいきなり正確に書けることなどありません。間違って直すという作業を繰り返してこそ伸びていくのです。

```
Saturday May 22nd                           ☀
T&T6 62.7                                  sunny!
I was playing video gomes.
  私はテレビゲームをしていました。
       ⑰
Was your sister enjoying karaoke at eight
  あなたの妹は昨夜からオケを楽しんでいましたか     last night
```

図12　再提出された自学帳

きた時に,「What makes you happy? に対する答えを各自３つ書いてこよう」というライティングの課題を出したことがあった。それを生徒全員からいったん集めて，一覧表にした。それを生徒に渡し，それぞれが誰によって書かれたものかを当てるという活動をした。これは大いに盛り上がった。築道研究室での勉強会に提出した1998年の記録が残っているので，以下に載せる。

100 things to be happy about

What makes you happy?

Sports
Playing basketball makes me happy.
Playing tennis
Playing volleyball
Playing soccer
Playing soccer with my friends
Fishing
Catching big fish
Good play in soccer
Going skiing with my friends
Getting a goal
Michael Jordan's technique
Swimming with my friends
Running
Running with my dog

TV, Movies, Music, & books
Playing video games
Watching TV
Watching TV of Aguri
Funny TV program
Seeing/Watching movies
Singing karaoke
Singing in a karaoke box
Singing songs
Listening to (nice) music
Listening to good songs

Food & Drinks
(Eating) School lunch
(Eating) Good food / Delicious food
Eating breakfast
Eating lunch
Eating dinner
Eating sushi
Eating ice cream
Eating ice
Eating pudding

Eating chocolate
Eating Butterfinger
Drinking Coke
Drinking juice
Drinking cold water on a hot day
Drinking juice after I play sports
A lot of school lunch
Something cold to drink
Drinking sake or beer
Drinking beer after I take a bath

Money

(Getting a lot of) Money
Getting birthday presents
Finding one million yen on the road
Free movie ticket
Money left in a wallet before I use

etc.

Playing with my friends makes me happy.
Speaking with my friends
Playing with my sister
Listening to the radio
Playing the piano
Playing the guitar
Reading books about bike
Reading Carboy
Reading comic books

Reading Haidi
Reading Kamuiden
Buying interesting books

Days-off, etc.

Sunday
Holiday
The fact that next day is a holiday
The summer vacation
Saturday
Holiday and vacation
Beginning of the summer vacation
The lunch break
Going to bed
Sleeping (in my bed)
Sleeping for a long time
Sleeping all day
Sleeping on tatami
Sleeping with a fan
Taking a bath
Shopping
Shopping with my friends
Taking Print Club
Making plastic model
Traveling
Traveling with my family
Night
Rising sun in the sky

(Coming of) Summer	Watching birds
Bike	Ending of exams
Studying English	Winning "janken"
Not studying	Washing a car
Going to Tokyo	Writing a letter
Going to Osaka	Fine weather
Going to Iwate	Looking at arms
Looking at flowers	Punching Yuya
Looking at fish	Having a lot of bowel movement

　最後の Having a lot of bowel movement makes me happy. は，どちらかというと控えめな男の子が書いていた。彼は絵がうまく，自己表現ノートも見事な作品で埋め尽くされているが，この1文には笑った。bowel は「腸」を表す語で，bowel movement は「腸の動き」。つまりこの1文は，トイレに駆け込み，しゃがみ込んでほっとした時の気持ちを書いたものである。この文は誰も作者を当てることができなかったが，分かった時は大喝采。おとなしい彼も赤面しながら，笑顔でみんなの賞賛に答えていた。

　後日，ある生徒がさらにこれを発展させてストーリーを書いてきた。「すごいな。これは面白い。キーセンテンス（重要文）を基点として，英語で文章を書いている」と思った私は，さっそく教科書の次のキーセンテンスから，前後に文をつけ足してみるように言った。それ以降，これは文脈を意識させる定番の活動となった。生徒から学ぶことは実に多い。

4.6. 頭と心が動く授業との連動

4.6.1　授業を家庭学習の起点に

　英語の習得には時間がかかる。その時間を確保するためには，授業だけではとうてい足りず，生徒一人ひとりによる家庭学習が欠かせないことは前にも述

べた。しかし「家で勉強してきなさいと言っても，生徒がちっとも家庭学習をしてくれない」と嘆く先生は大勢いる。辞書を引かない，単語を覚えない，宿題も嫌々ながらやっているのが見え見えである。だから英語力がつかない，と先生方は嘆くのである。

　生徒の側からすれば理由は明白だ。それらの宿題や課題は，やったらどんな力がつくのかが分からない。関西大学の学生にアンケートをとった時，「中高の先生方に伝えたいこと」という項目に対する回答の中に，こういう言葉があった。

　「今やっている勉強が，どのような形で将来実を結ぶかということを，入試以外でも教えてほしかった」

　深い，痛い言葉だなと思った。部活動でも，今やっている練習が大会のどの場面で使えるのかを生徒が知らないと，練習に身が入らない。それと同じである。しかし，それを伝えることを，我々は案外忘れている。

　大学のスポーツ推薦入学生クラスでは，指差し語順音読という活動をしている。語順一覧表の各文型の構成要素を1つずつ指差して，指定された文を暗唱するという活動である。

I sprained my ankle when I stepped on my opponent's foot, but I was able to continue playing thanks to my coach's first aid.

I feel the sense of unity when we give each other a high five after we win a match.

I had a pain in my left hamstring but I managed to participate in the tournament thanks to the ointment that my grandmother gave me.

We won the championship in the National Athletic Meet with all our teamwork though we had had some conflicts about the ways of practice

109

before.

We are in a good condition and we would like to get through at least to the semi-final and meet the expectation of the people who support us.

My coach recommends that I take protein supplements daily to strengthen my muscles so that I can hit the ball harder than now.

　上記の英文に即して具体的に説明すると，下の例では，（　）内の英語を除く部分がホワイトボードに書いてあり，学生はそれを指差しながら（　）内にある英語に直していくのである。
〔例〕
『 だれ何が／は ⇒ どうする ⇒ だれ何を／に → どこ → いつ → なぜ 』
(　　I　　　　sprained　　my ankle　　　　when　　　　　　)

『 だれ何が／は ⇒ どうする ⇒　　　どこ　　→どのように→いつ→なぜ』
(　　I　　　　stepped　　on my opponent's foot,　　　　　　　)

『 だれ何が／は ⇒ どうする ⇒ だれ何を／に → どのように→どこ→いつ→ なぜ 』
(but　I　　was able to continue　playing　　　　　thanks to my
　　　　　　　　　　　　　　　　　　　　　　　　coach's first aid.)

　練習の結果，これらの文が言えるようになるだけでも学生は喜んでくれたが，学期末テストとして，世界大会の前日の記者会見でインタビューを受けるシミュレーションを行った時，これらの文を応用してつないだ学生がいた。もちろん，こちらのねらいはそこにあったのだが，彼らは全員が合格して喜び，「まさか自分が英語でインタビューを受けられるようになるとは思わなかった。後期も頑張ります。よろしくお願いしまっす」と言って教室から手を振りながら出て行く姿を見ると，やはり嬉しかった。

そんなことができるはずがない，という高い目標を設定し，それができるようにしてやるのが教師の務め。それができた時，生徒や学生は教師を信頼し，次への期待をする。そして，自分もそれができるようになりたいと思い，家庭で努力をするようになった生徒・学生を支援する。そういう流れを作りたい。

4.6.2　家庭学習を促す授業の条件

　皆さんは，Last Sentence Dictation という活動をご存じだろうか。私は1998年に，東京の両国中学校にご勤務なさっていた，長勝彦先生にこの活動を教わった。

　長先生は前年度の教科書を使い，先生が読みあげた文章の最後の1文（the last sentence you've heard）を書くという書き取りテストを行っておられた。たとえば，中学3年生ならば中学2年の教科書を，2年生ならば1年の教科書を使って，教科書の本文を読み，途中の適当なところでランダムに終える。それを生徒は書き取るのだが，どれが最後の1文になるかは分からないから，生徒は非常に集中して聞く。

　これはとても地味な活動で，中3の3学期の最終アンケートで尋ねた「楽しかった活動」では，最も評価が低かった。しかし，「力がついた活動」では，堂々3位にランクインした。それぞれの活動に関する自由記述では，以下のような言葉が並んでいた。

「どの文も最後の1文になり得るので，集中力がつく」

「リスニングの力が伸びた」

「前の学年の教科書を見直せるので，受験の準備になった」

「田尻先生は，だいたい一番長くて難しい文を選ぶので予測できたが，それでも長い文はなかなか覚えられなかったので，意味のかたまりに分けて覚え，英語の語順通りに復活した。だから，文法が強くなった。ただ，時々1文目を読んでいきなり止まるので，そりゃないだろ！　と思ったが…。先生，性格悪すぎ」

　後輩へアドバイスという欄では，次のような言葉があった。

「ディクテーションは地味で面白くないけど，力がつくから絶対に頑張ってほしい」

確かに楽しいにこしたことはないが，最終的に生徒は，力がつく活動を支持する。私は英語の歌も授業でよく使ったが，卒業間際のアンケートでは，歌詞の意味の深いものが上位を独占した。生徒は，知的な活動を好む。fun だけでなく，interesting で intellectual な活動を豊富に行いたい。

また，私は中3の1学期の中心的な活動として，Definitions を定番で使っていた。次ページのリストにあるアイテムを，英語で説明させるという活動である。これは，以下のように発展させていく。

<中1>

教師がこのリストからどれかを選び，黒板に書く。ペアになり，じゃんけんで勝った人が黒板に書かれたアイテムを見る。もう一方のペアパートナーは，黒板を背にして立つ。音楽のスタートとともに，じゃんけんで勝った人が英語の語句で黒板に書かれたアイテムを説明していく。1ヒント1アンサー。相手が分かるまでヒントを出し続ける。正解だったら座る。制限時間は30秒で，役割交代して次のラウンドを行う。

<中2>

同じリストを使い，接続詞の when を学習した後に行う。1年の時は語句で説明したが，2年では英文で説明する。ヒントの中には，You use it when you draw a straight line.（定規のヒント例）のように，接続詞の when を最低1回は使う。

<中3>

同じリストを使い，関係代名詞目的格 that を学習した後に行う。第1ヒントは，It's something that you ... で始める（〔例〕It's something that you use when you draw a straight line. →定規）。第2ヒント以降は自由に英文を作ってよい。

第4章　家庭学習のさせ方

●配布用カード（コピーして切り取って使います）

#	item	#	item	#	item	#	item	#	item	#	item
1	ballpoint pen	2	marker	3	ruler	4	eraser	5	paper	6	notebook
7	textbook	8	dictionary	9	telephone	10	cellphone	11	computer	12	radio
13	DVD	14	MD player	15	VCR	16	stereo	17	fridge	18	freezer
19	microwave oven	20	stove	21	cupboard	22	sink	23	mug	24	vacuum cleaner
25	curry and rice	26	spring roll	27	sunny-side up egg	28	French fries	29	tangerine	30	persimmon
31	pear	32	watermelon	33	beer	34	whisky	35	coffee	36	green tea
37	iced tea	38	milk	39	cold water	40	hot water	41	*kotatsu*	42	heater
43	fan	44	ice	45	rice cake	46	*happi*	47	*yukata*	48	apron

図13　便利に使えるアイテム集　『Talk and Talk Book 3』（正進社）

この活動は生徒にとても人気があった。中1でリストに載っているアイテムにまつわる語句を知り，中2でそれを接続詞 when を含む複文の中で使い，中3では接続詞 when に加えて関係代名詞 that も使うという流れで行い，3年計画で積み上げ式に英作文のやり方をつかんでいくという活動である。
　ある時，この活動が終った後で生徒がこう言った。
「先生，これ，あらかじめノートにヒントを書いてきていいですか」
　もちろんですとも。願ったりかなったりじゃないですか。翌朝，職員室前に置いていた自学ボックスから自学帳を取り出し，チェックをし始めて驚いた。何人もの生徒が，これらのアイテムを英語で説明していたのである。
　その後，彼らに尋ねた。
「何でみんなこんなに燃えたの？」
　彼らの答えはこうだった。
「だって，力がつく活動だもん」
「うん，それにやり方が分かったけん，家で続きをやろうと思ったんだわ」
「それに，このゲーム面白いもん。中1からやっちょるが。だけん，毎年自分のレベルが上がっちょるのが分かるし，いいヒントが言えて相手が分かったら，もっと面白いがん」
　これは勉強になった。彼らの意見をまとめるとこうなる。
　生徒が家庭学習を自主的に行う条件は，

①　力がつく活動・学習だと認める。
②　やり方が分かる。
③　面白い。
④　上達が感じられる。

などがある。
　ならば，それをこちらが意図的に仕組めばよいのだ。生徒の声は本当に貴重な情報をもたらしてくれる。だから，彼らとの会話は楽しくてしかたがない。

第5章

学習者心理を考える

　英語はトレーニングの教科である。英語力がつくかどうかは，学習者自身がいかに時間をかけ，トレーニングを積むかにかかっている。その努力を支えるには，原動力となる学習意欲が必要である。では，どうすれば学習意欲を生徒たちに持たせることができるのか。それを考えるには，まずは教師が，学習する側の心理を知っておくことである。

5．1．生徒の疑問にヒントがある

5．1．1　生徒の素朴な質問1
　　　　　「なぜ英語を勉強しないといけないの？」

　「なぜ，英語を勉強しなければいけないの？」と聞かれた時，英語を担当されている先生方はどう答えていらっしゃるだろうか？

　多くの先生方が，「英語は世界の標準語だから」「社会がグローバル化されて，英語が使えなければ仕事ができないから」「世界中の人とコミュニケーションを取るのに必要」などと言われると思う。しかし，問題の本質は，「『なぜ英語を勉強するの？』という質問にいかにうまく答えるか」ということではない。生徒から，そのような質問が出るのは，そもそもなぜか。そこを教師は考えなければいけない。

　たとえば授業中に寝ている生徒がいたら，どうするだろうか。「1回起こしてみても起きない。ならば少し経ってまた起こしてみる。3回起こして起きなければ，『関心・意欲・態度』の欄にはCをつけてください」と評価の研修会で講師の先生がおっしゃった。目が点になった。

　普段から真面目な生徒が寝ていたら，夜ふかししたか，部活で疲れたか，あ

るいは体調が悪いかもしれない。複数の生徒が眠そうだと，授業がつまらないか単調である可能性が高い。何かが思いどおりにならなくて，やる気をなくしてしまっているかもしれないし，先生に対して反発しており，それが授業中に寝る（ふりをする）という態度をとっていると解釈できるケースもある。いずれにしても，現象を捉えて叱責する前に，なぜそういう現象が起きているのかを考えてみる必要がある。「なぜ英語を勉強しなきゃいけないの？」という質問にも，深層には以下のような生徒の気持ちが見える。

・英語が分からなくて辛い。
・授業が面白くない。
・先生が嫌い。

　授業の内容がよく分かって，英語を使えるのが嬉しくて，友だちと関わるのが楽しくて，実力がつく実感が持てれば，生徒は勉強する理由を尋ねたりはしない。今年から担当した２年生や３年生に「なぜ，英語を勉強しなければいけないの？」と聞かれたら，「そうか，英語が嫌いなのか。よし，君が英語が好きになるよう，英語ができるようになるよう，授業作りを頑張るからな」と答えてあげればよい。持ち上がりの学年の生徒に，この言葉を言われたら，２度とこんな言葉を生徒に言わせないように，授業を見直すべきである。一番大切なのは「伸長感・達成感・満足感」をいかに生徒に与えられるかということ。１コマの授業が終るたびに，自分は教師としてこの１時間で何を生徒に与えられたのか，生徒をどれだけ伸ばしてあげられたかを確認しなければならないと思う。

5.1.2　生徒の素朴な質問２
　　　　「なぜ字はていねいに書かないといけないの？」

　１年の５月連休明けは，本格的な文字の学習のスタート。30秒で大文字を全部書くというテストを行うのが，私の授業での慣例であった。30秒という制限時間があるから，生徒は焦ってすごい勢いで書く。当然のように字が乱れる。終ってチェックを受けに来た子に，私は容赦なく「不合格」を言い渡す。初回

はクラスのほとんどの生徒が不合格になる。

「何で？　ちゃんと書いちょるがん。順番も合っちょるがん」「先生，何が間違ってるんですか？」

「不合格の理由か？　字がざまく（雑）だけんだ」

生徒からは一斉に，「えーっ！」「厳しすぎ！」と不満の声が上がる。私はこう答える。

「このsは大文字か？　小文字か？　どっちか分からんだろ。大文字っちゅうのは，4本の線の一番上と3番目の線に上下がぴったりつかんといけん。完全にぴったりじゃなくても，ぴったりにしようという気持ちが伝わってこんと，どっちだい分からん。そういうの全然考えらんで，書きなぐっちょるようなのは，全部不合格！」

「先生厳しすぎる！　なんでそんなに字をていねいに書かんといけんの？」

私の答はこうだ。

「大人になって仕事で車を使うとする。その車が仕事中に故障した。どうする？　当然，修理工場に持って行くよな。そこで何て言う？　いつまでに直りますか，って期限を聞くよな。3日後って言われたら3日後に取りに行く。そこで『すみません，風邪ひいちゃって昨日は休んだから，まだできてないです』と言われて許すか？」

そんなことは許さん，と生徒は即答する。だって約束だから，と。

「その通り，風邪で休んだなんて言い訳が通用するのは学校だけ。社会人になったら，期限を守るのは最低限の絶対条件だから。で，直りました，といって車を引き取って，帰る途中でまた壊れました，あるいは別なところが具合悪くなっているって時はどうする？」

電話して文句言う，金返せって言う，もう2度とその工場には行かない，と生徒たちは口々に言う。世間の厳しさは中学生でも結構よく分かっているらしい。

「わかる？　社会っていうのは，期限を守って，しかも最高にていねいな仕事をするのが最低限の約束事。これを英語の授業でも練習してほしいんだ。大

文字を30秒以内に書くのが期限，できるだけきれいに書くのがていねいさ。な，大文字のテストでも，社会人になってからの準備ができるでしょ。入試だって入社試験だって，あわてて書いたから字が汚くて別の字に見えると，不合格になるかも知れん。すばやくていねいに字を書く力ってのは，将来，世の中に出た時に必ず役に立つ。中学や高校でそれを身につけておかんといけん。だから字はていねいに書こう。次回のテストは頑張ろうな」

こう話すと，生徒は文句を言わなくなる。観念したように，「はーい」と言う。次の日から，誰も合格しなくなる。ていねいに書くほうが先に立つので，30秒以内に書けないのである。1か月後，初めて全員が30秒で書けた時，クラスから大きな拍手が起こった。

2006年度，最後の中学校勤務の年，全国から100人以上の方が私の授業を見に来てくださったが，皆さんがよくおっしゃったのが，「もっと先生はカリスマ的に生徒をぐいぐい引っ張られると思っていました」という言葉と，「生徒さんはみんな字がきれいですね」というものだった。

説得よりも納得。関西外国語大学教授の中嶋洋一先生がよくおっしゃる言葉である。

5.2. 指名の仕方は正しいか？

私はよく授業研究会に講評者として呼んでいただく。授業研究会は，次のような流れで進んでいく。

会場校の先生が中心に，公開授業をする。

別の会場に移動し，参観した授業に関して研究協議を行う。

①授業者が授業を振り返り，解説や感想，反省などを言う。

②司会者が参加者に，意見や感想を求める。

③最後に大学の先生や指導主事などが指導講評をする。

公開授業後の研究協議で話し合いをする②の時，司会者の方が言う。

「何かご意見はありませんか？」

ほとんどの場合,誰も手を挙げない。皆さん,何かしら感想や意見をお持ちだが,参加者の人数が多ければ多いほど,挙手の確率は低い。

すると司会者の先生は,

「どんな意見でも結構ですから,どなたかご意見をお願いいたします」

「どなたでも結構です。お気づきになった点,質問など,何でもいいのでお願いします」

と言われる。最後は,苦し紛れに知り合いの先生を捜し,指名される。

これと全く同じことが,授業でも起こる。

5.2.1 「誰でもいいから,何でもいいから発言しなさい」

「誰でもいいから」「何でもいいから」という教師の発言。こういう気持ちを表すのが any〜であることを教えるにはいいかもしれないが,この言葉は授業者の焦りといらだちを表しているだけであり,生徒はそれを敏感に感じ取って,よけいに手が挙げられなくなってしまうことがある。

なかなか手が挙がらない時は,グループにするとよい。小さなグループであれば,意見が言いやすくなる。他のグループで話し合いが始まり教室にノイズが出てくると,それにつれて自然にグループのメンバーの頭が中央により始め,お互いの発言に耳を傾けるようになる。矛盾した言葉だが,「心地よい雑音」があると,それぞれのグループが他グループを気にすることなく,活発に話し合いをするようになる。私はこれを直訳して,"comfortable noise" と呼んでいる。

教師はその時,生徒を観察して回る。真面目にやっているかどうかをチェックするだけでなく,指名の確約を取って回るのである。「おー,いいね,それ。後で当てるから言ってね」とか,「ああ,それはいいアイディアだ。他のグループでは出てない意見だよ。みんなに教えてあげてね」などと声をかけ,安心感を与えるのである。

その後,教師の合図で全体学習に戻った時,生徒は既に教師に認めてもらっているから安心して挙手をする。中にはそれでも手が挙げられない生徒もいる

から，「○○さん，さっき言ってた意見，すごくいいからみんなに教えてあげてくれる？」とお願いする。そうすればほとんどの場合，恥ずかしそうにしながらも発表してくれる。この時も恥ずかしくて口が動かなかったら，それ以上促さないほうがいい。

　私は，授業研究会に呼んでいただいたら，研究協議の最後に指導講評をするのではなく，最初から最後まで司会者をさせていただいている。最後まで黙って聞いているというのが苦手なこともあるが（それが最大の理由？），司会をすると勉強になることが多いからである。研究協議が実りある話し合いの場になるかどうかは，司会者にかかっている。参加者が主体的に思考し，活発に議論するためには，司会者がその場その場で空気を読み，先生方の様子を見て瞬時に判断し，ベストの進行方法を見つけることが求められる。これも1つの飛び込み授業である。

　だから，話し合いが充実しているのを見ると楽しい。「あっという間に90分が過ぎました。グループ討議でお土産をたくさんいただきました。特に，ベテランの先生方のご意見が体験からにじみ出たものであり，勉強になりました」という言葉を聞くと，本当に嬉しくなる。私が言わなくても，ベテランの先生方がお気づきになり，グループでそれを言ってくださるので私が出しゃばらなくてすむ。また，ベテランの先生のご発言を他の先生方がメモをされると，それがまたベテランの先生のプライドを高めたり，回復してくれたりする。

　今日は雰囲気が堅いなと思ったら，明るいインストゥルメンタルの音楽を流すのも一案。周囲に音があれば，自分の声がそこに紛れるから声を出しやすくなる。最初は小さな音で音楽をかけると，小さな声でぽつぽつと意見が出始める。そのうち，少しずつ音楽のボリュームを上げていくと，先生方の声も大きくなる。そうなったらまた少しずつボリュームを下げ，最後は音楽を止める。

　後で種明かしをすると，「最初は何で音楽をかけるんだろうと思っていました。そのうち話し合いが活発になり，音楽のことは忘れてしまいました」と言われる。「今の音楽は，先生方のプレッシャーを取り除くために流したんですよ」と話すと，先生方も「なるほど！」と納得してくださる。そして，「突

然音楽が止まるとそちらに意識が行くし，それまで教室で一番大きな音だったものが急になくなると，自分の声が目立ってしまって声を出しにくくなるので，じわじわと音を下げていきました」と言うと，「緻密だなあ」と言われる。生徒の気持ちを研究し続けると，そういう配慮を工夫し始めるようになるから，ぜひ皆さんもやってみていただきたい。

　学習者心理。これが，今後の教育のキーワードであり，授業の成否の鍵を握ると思っている。

5.2.2　「じゃあ，○○君」

　挙手を求めてもなかなか手が挙がらない時，教師は「じゃあ，○○君」と指名することがある。教師は困った時，無意識に自分が一番頼りにしている生徒，正解を出してくれそうな生徒を指名する傾向がある。本人は，「やめてよ」と思い，周囲は「先生はあいつをひいきしている」と感じていることがある。

　そもそも手を挙げられないのはどういうことかを考えると，大きく5つの原因が思い浮かんでくる。

　①意見がない。
　②みんなの前で手を挙げるほど自分の意見に自信がない。
　③挙手して発表したことで傷ついた経験がある。
　④目立ちたくない。
　⑤みんなの前で手を挙げるといじめられる。

　③は，女子に多い。挙手をして意見を言ったのだがみんなに笑われたとか，間違っていた答を切り捨てられたと感じるような教師の態度だったなど，小学校の高学年から中学校にかけてそういう体験をして以来，挙手しなくなったと答えた生徒は少なくない。2つとも，教師の配慮があれば防げたことだ。

　④は，中学2年ぐらいから顕著になる。年ごろの生徒は，挙手して発表することがかっこ悪いと思うようになる。みんなが意見を言わないのに自分ばかりが意見を言うのは，いい子ぶるようでしたくないという心理が働くようだ。ならば本人の意志を尊重して，全体の中で指名するのは避けてやれば教師に反感

は持たない。小グループにすればその中でちゃんと意見を言うし、第5章2節1項で述べた方法をとれば、全体の中でも意見を言ってくれる。先生方も、研修会で誰も意見を言わない状況では、挙手しにくいのと同じである。

⑤は、悲しいことだが最近増えてきている。挙手して意見を言うと、「おー、真面目ー」と冷やかされたり、授業後に「手を挙げるな。おまえは先公の手下か」などと言われた生徒もいる。あるいは、授業妨害する生徒が怖くて、手を挙げたら後でいじめられると思いこんでいる生徒もいる。

これが将来の日本社会の縮図だと考えると、空恐ろしい。いらいらしている人間が傍若無人に振るまい、善良な市民が戸を閉めて息を潜め、一切外に出ようとしない。これは、何としても阻止したい。

5.2.3 「はい, じゃあ, おまえ」

私の長女が小学校に入学した時、学校に行くことをよく渋った。幼稚園は大好きだった子なので、なぜだろうと思って珍しく参観日に小学校に行ってみた。担任の先生は学年主任のベテラン女性教師だったが、プラスチック製の指差し棒を児童のほうに突きつけて、「はい、○○ちゃん」と指名しておられた。

教師が児童に近づき、児童を見下ろして人差し指を突き出し、「はい、答は？」と言うと、指名された児童は自信を持って答えることができない。ましてや棒やペンなどで指名されれば、その先生の冷たいイメージが子どもの意識下にインプットされるだろう。その先生は悪気がなかったようだが、もし我々がそうされたらどう感じるだろうか。

一般的には、小学校に行くといつもいろいろと有益な学びがある。たとえば低学年では、先生は児童に話しかける時、ひざまずいて児童と目線を同じにされる。教師はステージの人、生徒はフロアの人という授業では、教師の目線は常に生徒のそれよりも高いので、見上げる形になる生徒はプレッシャーを感じてしまう。教師が生徒の横に椅子を持ってきて座り、そこで教えると生徒は安心して話しかけてくる。

中学校や高等学校でも、定期テストの前に放課後の勉強会をすると、生徒と

教師が一体になって勉強をするのでとても楽しい。生徒も休憩もなしで2時間ぐらい平気で勉強し続ける。教師には質問をたくさんしてくるし，教えてくれ，チェックしてくれと，生徒からたくさん話しかけてくる。これは，先生と生徒がお互いフロアの人となって，机を挟んで対等な目線で話し合い，協力するからである。目の高さはとても重要な意味を持つ。

　そういえば，映画 E.T. の最後のシーンで，E.T. が末娘ガーティ（チャーリーズエンジェルの1人であるドリュー・バリモアが演じていた）にお別れをする時，E.T. は首を短くして，ガーティに目線を合わせている。「E.T. は教師かもしれない！」と思って調べたら，故郷の星では農業関係の仕事をしており，地球の植物を調べにやってきた，と書いてあった。E.T. は優しい。言葉を覚えるのも早い。E.T. を見習いたい。

5.2.4　「はい，ではこの列から言ってください」

　よくグループ学習が盛り上がったところで，「はい，では前を向いて」と先生が教壇に戻って一斉授業に戻してしまうことがある。ついつい無意識のうちに，全体指導をする時は教壇に立ってしまうという先生は，とても多いと思う。すると生徒は，教師が教壇に立った瞬間，1対多のモードに入る。

　教師は教室のどこにいようと全体指導はできる。せっかく先生がステージの人からフロアの人になり，生徒が心やすく話しかけられる状態になっているのに，先生が教卓のところに帰ることによって生徒が構えてしまう状況を作ってしまうのは，もったいないと思う。むしろ教師の立ち位置が変わるほうが生徒にとっても新鮮だし，先生のほうを向く時に体を動かさないといけないので，血の巡りがよくなる。

　グループ学習の最中に，私が大げさに感激したそぶりを見せたり大笑いしたりすると，他のグループは気になる。中には近寄ってきて，自分も聞きたいという生徒もいる。「いい，いい。すごくいい！」と言って，「みんな，このグループの意見聞く？」と尋ねると，よほど自分たちのグループの話し合いが盛り上がっていない限り，「聞きたい！」と答える。これも全体発表である。

私が見た授業では，先生がグループ討議を打ち切って教卓に戻り，「はい，では前を向いて。この列の前列の人から順に言ってください」と言ったとたん，緊張感が走ってしーんとなった授業が何回かあった。中には，「えー，何で私からなのー」と不平を口にした生徒もいた。

　意図の感じられない座席順の発表は，よけいなプレッシャーをたくさんの生徒にかけることになり，授業の進行上マイナスが多い。そもそも，なぜ1人ずつ発表させるのか。そこにはどのような意図があるのか。

　個人を指名して全員の前で発表させるのは，
　①異なる意見や新しい情報を全員で共有し，そこから新たな発想を引き出す。
　②宿題をしてきたかどうかを確かめる。
　③答合わせをする。
などを目的として行われる。①は指名の確約や調べ学習の事前指導などで，比較的自信を持ってやらせることができる。②と③も生徒が自信を持ってやれればいいのだが，その保証をせずにいきなり当てると，生徒は間違いを恐れてぼそぼそしゃべったり，最悪の場合は，全員の前で恥をかかされたりする。ならば，別の方法をとってもよいのではないか。私は何度か，当てられたけれど自信がなくて何も言えず，じっと下を向いて立っている生徒を待ち続ける先生を見たことがあるが，見ていて辛かった。

　また，特に小学校で見られることだが，たくさんの児童・生徒が「はい，はい，はい」と手を挙げた時，先生は「えーっと，じゃあ，○○君」と指名するが，それには戦略があるだろうか。当ててもらえなかった子が，「えー，僕にも／私にも当ててよ」と不平を言ったらどうされるだろうか。小学校低学年の児童は，その時は文句を言っても休憩時間になって遊び始めたらすっかり忘れている。しかし，高学年の児童は，「自分は当ててもらえない。先生に嫌われているんだろうか」とか，「自分はあまり必要とされていない」などと感じたりするようになる。

　そういう気配を感じた時は，まず隣の人や近くの人と向き合わせ，一斉に自分の意見を言わせる。すると，異なる意見が耳に入ってきた場合，自然発生的

に話し合いが始まり，その後，「この人の意見はいいなあと思った人は推薦してください」と言うと，児童・生徒は相手の意見を正当に評価し，手を挙げる。この方法だと，発言したくてたまらないタイプの児童・生徒も自分の意見を言えたことで満足する。いつも教師にしゃべりかけたり，思いついた瞬間に口が動く子がいるが，教師はよく「この子にいちいち付き合っていたら，授業が進まない」と思って無視してしまう。そういう子もいずれ落ち着くので，教師の冷たい心を感じさせてはいけないと思う。

5.2.5 「じゃあ，出席番号○番の人」

　ある授業で，だれも挙手してくれないので，カードを出してきてシャッフルし，1枚抜いてそこに書いてある番号と同じ出席番号の生徒に当てる先生がいた。あるいは，「今日は13日だから，13番の人。はい，次，23番の人。はい，では33番」と言う先生もいた。実は私も，「今日は23日だから，2と3を足して5番の人」とか，「今日は12月14日だから，1＋2＋1＋4＝8番の人」「今日は6月9日だから6×9で54番の人」などとやっていた。

　関西大学の学生にアンケートをとった時，「中高の先生方に伝えたいこと」という項目に対する回答の中に，「僕たちは人間であって，数字ではない。○○大学の合格者□□人のうちの1人としてではなく，人格を持った人間として1人ずつ扱ってほしかった」というものがあった。進路指導においては，それぞれの生徒の

　・才能を引き出すこと
　・「できること」を生徒と一緒に増やすこと
　・興味，関心が持てる分野を増やすこと

が大切であって，少しでも偏差値が高い学校を薦めることではない。

　私の大切な友人の1人で，長年にわたって日本でも有数の進学校で教鞭を執っていらっしゃったある先生が，担任していた生徒さんがセンター試験で失敗して，東大理Ⅲを断念して理Ⅰか理Ⅱに変更すると三者面談で言ってきたので，「君は医者になって人の命を救いたいのではなかったのか。単に東大に行きた

いだけなのか」と迫ったことがある。

　その先生は，研究学会の中心的人物として，毎月の月例会から全国大会まで，自校を会場として提供し，身を粉にして学会の発展に尽くした人で，学校では授業を工夫し続け，今でも研修会で出会うたびに新しい発表を聞かせてくださる。教務主任の仕事をこなす一方，部活動の主顧問として，平日のみならず休日も返上して生徒とともに汗を流してこられた誠実な方である。そのような方だからこそ，信念を持って生徒指導をし，将来の日本の屋台骨を支える生徒さんを輩出してこられた。そして，そのような生徒さんたちだからこそ，温かい心を植えつけようと努力なさってきた方である。進路指導も，進学指導ではなく，生き方指導をされる。こういう先生が増えてほしいと願う。「大切なのは，何々大学に何人入れたかではなく，生徒が将来，どうすれば幸せになり，どんな形で社会貢献するかを考えるのが進路指導だ」と2人で意気投合して熱く語り合ったことが思い出される。

　高校のいわゆる進学校の先生方は，少しでもレベルの高い大学に少しでも多くの生徒を送り込みたいと思って，必死である。昼夜を問わず仕事をなさっている。夏休みや冬休みを返上して，学校に行って補習をなさっている。本当に頭が下がる。欲を言えば，それが大学入試のためだけではなく，生徒の一生によい影響を及ぼしたいと思ってなさっておられる気持ちが生徒に届けば，もっともっと生徒とよい関係が築けるのではないかと思う。どうせ一生懸命働くのであれば，生徒が乗り越えてくれて，成長してくれて，教師と一緒に喜んでくれるといい。同じ働くなら，心地よくありたい。

　関西大学では，学期平均300人前後の学生の面倒をみているので，名前を覚えるのが大変である。学期初めに個人インタビューをして録画し，学力を知り個別課題を見つけると同時に，名前を言ってもらってそれを覚えようとするけれど，週に1回しか会わない学生が多いので，なかなか覚えられない。

　逆に，名前を呼んであげた時に，「先生，私の名前を覚えてくれたんですか！」と喜んでくれた学生もいる。名前を覚えていない学生に対して本当に申し訳ないと思う。学生の名前を全員分覚えるのは，職務のうちの一部なのに，

忙しさにかまけて何度もビデオを見直して学生の名前を覚える努力が足りないと反省している。

　出席番号などで指名することは，名前を呼ばないに等しいことである。「僕たちは人間であって，数字ではない。〇〇大学の合格者□□人のうちの1人としてではなく，人格を持った人間として1人ずつ扱ってほしかった」という言葉を読んで，自分も出席番号で生徒を指名していたことを思い出し，心が痛んだ。

　生徒が自学帳を出すと，「えー，こんなに間違っていたの！」と驚くのと同様に，我々教員も知らず知らずのうちに間違いを犯している。その間違いに気がつくかどうかは，常に人の意見を聞こうとする姿勢があり，人の言葉に耳を傾ける素直さがあるかどうかにかかっていると言われ，それからよく生徒の声に耳を傾けるようになった。そこから聞こえてくる生徒の言葉は，時として痛すぎるほど痛い。

5.3. 個別指導の距離

5.3.1　2人だけの世界

　生徒一人ひとりに目を向けようとする時，心がけるべきことはいくつもある。気をつけたいことの1つが，教師の目が1人に「だけ」集中してしまうことだ。

　個別指導を始めると，つい目の前の生徒の指導に夢中になってしまう先生は多い。熱意のある先生ほど，熱心になるあまり，「1人に集中する時間」が長くなってしまいがちだ。そうなると，周囲はほったらかしになる。ほったらかしになると，緊張感がなくなったり，集中が切れたりして，雑談したり，遊び始めたりする生徒が出てくる。そして，教師は叱る。叱ると雰囲気は悪くなるし，生徒との人間関係もうまくいかない。叱ることは大切なことだが，叱らなくてすむ状況を作り出すことは，もっと大切だ。

　1人の生徒の指導に集中するためには，教え合いのシステムを作り，放っておいても生徒同士が学び合っている状況を生み出さなければならない。これは，

第6章で詳述する。

　また，1人の生徒を個別指導している際に，誰かが関係ないことをしゃべり始めた時は，教師は個別指導を続けながら立ち上がり，おしゃべりしている生徒を間に挟む。挟まれた生徒は，自分の頭を越えて教師の指導の声が聞こえるわけであって，個別指導の中に入れられてしまったのと同じ状況になり，しゃべられなくなる。そして教師は頃合いを見て間に挟んだ生徒にこう聞く，「で，君はどういう答になった？　あ，まだ答が出ていないんだ。よし，じゃあ早くやってしまおう」と言えば，その生徒は学習に戻る。こうすると，叱らなくてもすむ。叱ると教師の気持ちもいらいらしてしまい，授業の残りの部分が台なしになることがある。これは，先輩の先生から教わった。先人の知恵は，すばらしいと思う。だからこそ，それを伝えるシステムが必要だ。

　またある時，若い女性の先生の授業を見せていただいた。個別学習の場面になり，先生が1人の生徒に熱心に教えていたところ，別の生徒から声がかかったので先生はそちらに移動された。その時，別の生徒が1名，教室からエスケープしたのである。先生は全く気づかなかったのだが，私が見ていたのですぐにお伝えして，先生がその生徒を追いかけて教室に戻された。

　これなども経験である。別の生徒に呼ばれて立ち上がった瞬間に，ざっと教室全体を見渡すようにすれば，他の生徒たちの様子が分かる。教師は，黒目で目の前の生徒を見て，白目でその周囲を見る。また，左の耳で目の前の生徒の声を聞き，右の耳は教室全体に傾けておく。目の前の生徒に集中しつつ，その周囲の景色や音に異変があった時，さっと反応できるよう日頃から訓練しておかなければならない。

5.3.2 「先生，先生，先生」

　これも若い女性の授業だった。だらだらして雑談をする男子の集団。でも，その子たちはその先生が好きなので，よく話しかけてくる。学習をしたり，やめたりを繰り返していた。中には，そこそこ英語が分かっている生徒もいて，プリント学習になったらちゃんと答を書き始めた。そこである男子が椅子に座ったまま片膝を立てた状態でこう言った。「先生，先生，先生」
　先生はしゃがんで別の生徒を個別指導しておられたが，またかと思われたようで，彼に背中を向けたまま聞こえぬふりをされた。するとその男子生徒は言った。「無視かい」　後はご想像の通り。彼は勉強をやめて雑談し始め，最後は注意された。
　あー，もったいない！
　確かによくしゃべる子だったので，先生もうっとうしかったと思う。しかし，彼は先生を呼んだ時，プリントの問題1をだいたい書き終っていた。だから，答合わせをしてほしかったのである。
　そういう時は，振り返って「はい，今行くからね」と一言言ってやればよい。私など，次々と生徒に呼ばれるたびに焦ったふりをしてわざと息を切らし，「よっしゃ，今行くからな。えーっと，予約番号5番ね」（この場合の番号は容赦されると思う）などと言いながら，必ず私を呼んだ生徒のほうに体を向けて，目を見て返事をした。そうすると，「えー，5番目。まだまだ先じゃん」と言って，今度は周囲を見回して気の合う友だちと答合わせをしたり，分からないところを教えてくれそうな生徒を捜し始める。もちろん，遊び始める時もあるが，「おーい，今すぐ行くから，誰か近くの人に教えてもらっててな」と言って授業に引き戻す。教師が個別に生徒を見るためには，教え合いのシステムが不可欠だ。
　大学のスポーツ推薦クラスで，インタビューテストに合格して，「やったー！　合格した！　俺，田尻先生好き！」と大声を上げて喜んだ学生がいた。その授業を参観に来てくださっていた高校の先生が，「田尻先生のどういうところが好きなの？」と尋ねられたら，「田尻先生は合格するまで付き合ってく

れるし，ずっと目を見て話をしてくれるから」と答えたそうだ。

　彼は甲子園でも活躍した名門高校の野球部の出身。ミスをするとノックから外され，バントを失敗すると交代させられるという，厳しい生き残り競争をしてきたからこそ，「捨てられない，目を見てくれる」という安心感を喜んだようだ。彼の言葉から，目を見て話すことの大切さを改めて確認した。

5.4．活動の意外な落とし穴

5.4.1　「読み終った人から座りなさい」

　大学の教職課程の授業では，学生に模擬授業をさせている。ある時，教科書音読の最中に，「皆さんちょっと元気がないですね。では，立って音読をしてください。終った人は座ってください」と指示した学生がいた。模擬授業の後はディスカッションをするのだが，私はこの点を突っ込んだ。起立しての音読はいいことなのか。

　この質問に対して，ほとんどの学生が「え，ええんちゃうの。だって立ったほうが声が出やすいやん」と答えた。「立って読むと，身体に血が巡って発声の準備ができる」とか，「シーンとした教室に椅子を引くノイズが響くことで，リラックスできる面もある」などの具体的なメリットもあげてくれた。しかし，私は，「それは関大生やから言えんねん」と言った。なぜかお分かりだろうか。

　実は，起立して音読し，終った者から座るという音読は，先に終った者は座ってからはすることがなくなるし，立っている生徒は上手に音読できず，しどろもどろになっている。さらに座る者が増えるにつれて，教室にはまだ終っていない生徒の音読の声しかしなくなる。こうなると，できない生徒がさらし者になっているに過ぎない。要領のいい子は，途中を飛ばして最後の部分だけを読んだり，終ったふりをして座ってしまうので，真面目で音読が上手にできない生徒に限って起立したまま苦しんでいる。関大生は優秀だから，そういう経験をしたことがある学生は少ない。

　起立しての音読は，確かに声がよく出るというプラス面があるので，次にこ

の活動をどう焼き直すかを話し合わせたところ，学生たちは「座った生徒は2回目の音読をする」というアイディアを出してきた。

「fast learners が2回目が終っても，1回目が終らない slow learners がいたらどうする？」と切り返され，

「うーん，では立ったまま音読して先生がやめと言うまで全員続けるのはどうですか？」という意見が出たので，

「それじゃ，生徒が飽きないかい？」と私が反論。

「では，1回目が終ったら90度右に回転して2回目，それが終ったらさらに90度右に回転して3回目，さらにもう1回転して4回目というふうな『四方読み』はどうですか？」

「1回目は立って，2回目は座って，3回目は立って，4回目は座ってというのは元気が出るのでは」

このように，メリットがある活動は，焼き直してマイナス面を消していけば，使える活動となる。英語が苦手な生徒が，無用に嫌な思いをしないようにすることは，教壇に立つ上で大切な配慮だと思う。もちろん，努力を怠った時などに嫌な思いをすることも大切だが，頑張っている時に不必要に嫌な思いをさせない工夫はいる。

5.4.2　Open your textbook to page 12.

また，教師は Open your textbook to page 12. などと言って，すぐに説明を始めることがある。中には数字が聞き取れていない生徒がいて，教師が読んだり説明したりしているページと，自分が開いているページが違うということに焦りを感じる。たとえばこの page 12 という英語は twenty と混同してしまう生徒がいる。

我々も会議中に，今資料のどこをやっているか分からなくなる時があるが，そういう時は近くの人に教えてもらったり，資料をぱらぱらめくって当該箇所を探すことができる。しかし，授業においては，特に真面目な生徒や控えめな性格の生徒は，他に誰も動いていない状況で自分だけが動くのは恥ずかしいと

いう心理が働き，姿勢は変えず，目を一生懸命左右に動かして近くの生徒が開いているページを盗み見して，こっそりとページを先に進めたり，後に戻ったりしている。こういう時の子どもたちの気持ちを，私は長い間汲み取ることができなかった。

　それがやっとで分かるようになってから，Open your textbook to page 〜. と言った後で，Point to the first word. などと加えるようになった。この Point to the first word.（最初の単語を指差してください）とか，Point to the picture on that page.（そのページの写真／絵を指差してください）のような指示文を聞くと，生徒は最初の単語や，そのページのイラストなどを指差す。この瞬間に，まだ見つけていない生徒は首や体を横に向けて，どのページかを確認する。全員の生徒が教科書を指差すことで，体を動かすので，自分もそれに紛れて顔や体を動かせるからである。

　さらに，Are you on the right page? とか，Where are we now? Which page? などと言って，Check it with your friends. と言ってやれば，「今先生が言ったのは，p.20じゃなくて，p.12だよ。twenty じゃなくて，twelve って言われたよ」などと，解説つきで教えてくれている生徒がいる。

　小さいことと思うかもしれない。しかし，そうやって生徒の気持ちを理解することが，授業作りの中では本当に大切な要素であり，それができて初めて，生徒とのよい関係，信頼関係を築いていけるのではないかと思う。

5.4.3 「クリスクロス」

　クリスクロスは，英語授業の中でも非常に人気が高い活動の1つである。研修会などで盛んに紹介された時期があったので，自らも取り入れたという先生方が多い。

　教室では生徒の机が縦横に並んでいる。まず，任意の縦1列の生徒を全員立たせ，How's the weather? What time is it now? What day is it today? What's the date today? など，最近学習した重要文を復習する意味で質問し，挙手した生徒に答えさせる。生徒は正解だったら着席できる。こうして次々と

出題していき，最後に1人残ったら，今度はその生徒のいる横1列の生徒を立たせて質問を出す。こうして縦，横，縦，横…と生徒を立たせて指名していくのがクリスクロス（crisscross：十文字）というゲームである。

　先生方には評判がいい活動だが，生徒の側にはこれが大嫌いだという子が意外に多い。実をいうと私も反対派で，この活動はやめたほうがいいと思っている。まず，当てられた列の生徒は考えているが，他の列の生徒や答え終った生徒は頭を使っておらず，ニヤニヤしてまだ立っている生徒を見ているだけであり，習熟活動のドリルとしてはコストパフォーマンスが低い。

　効果的なドリルとは，40人生徒がいたら，40人とも何度も英文を聞いたり，言ったり，読んだり，書いたりすることができるドリルである。たとえば音読ドリルであれば，中学の教科書の場合，1文が案外短く，音読すれば平均して3秒程度で読める。したがって，理想的には1分間に20回もしくは20文は読んでほしい。それは欲張りすぎだとしても，最低10回または10文は確保したい。10分のドリルなら各自100文あるいは100回繰り返して言うくらいが，ドリルとして機能する最低ラインだと思っている。

　しかしクリスクロスをやると，当てられた列の生徒以外で英語のドリルをしているのは，先生の質問を聞いて自分ならどう答えるだろうかとシミュレーションしている真面目な生徒だけである。私が見た授業では，クリスクロスで盛り上がっている生徒がいる一方，当たっていない列の生徒には机に突っ伏して寝ている者もいた。

　さらに，立っている子たちの中でも，慎重派でなかなか手が挙げられない生徒は，ずっと立ち続ける。手を挙げてもなかなか指名してもらえないので，「もうええわ」と怒ってそれ以降手を挙げない生徒もいた。その子は活動そのものをボイコットしたので，勝手に座ってしまった。当ててくれないことに対する反発だった。

　しかし，もっと悲惨なのは，英語が苦手な生徒が最後まで立ち続けることである。手が挙げられなくて，最後までさらし者になり，あげくのはてにその子の横の列，あるいは縦の列の生徒が次のラウンドのために立たされると，「ま

た俺らの列かよー」とか，「またおまえかよ」とその子を非難する生徒もいる。一度そんな体験をしたら，「クリスクロスなんか大嫌いだ」と思うようになるのも当然だろう。世間ではよい活動という定評があるが，生徒の側からみれば，心が傷つく活動である。

　Hung Man（絞首刑にされた男）や Battleship（戦艦）なども含め，一考を要する活動は少なくない。

5.5. 話し合い活動ができるためには

5.5.1　指導案どおりの授業は正しい？

　授業研究会では，授業者は学習指導案を作成し，参観者に配布する。たくさんの人に見られる授業だから，授業者は時間と労力をかけて授業の案を練り，準備をする。思惑どおりに授業が進めば，安心するだろう。けれども現実には，教師が作成した指導案のとおりに流れる授業など滅多にない。

　計画と実際の授業との間には，必ず齟齬が生じる。このくらいの時間でできるだろうと計画していた活動が，予想以上に時間がかかるなんてことはざらである。ただ，長引くのには２つのタイプがある。見通しが甘かった場合と，生徒が深く入り始めたので止めるのがもったいないと思った場合。後者は，焦りながらも楽しい。「すごい！　そこまでは気がつかなかった」とか，「よっしゃあ，伸びてきたぞ，できるようになってきたぞ，いいぞ！」と思いつつ，でもやはり焦る。

　いずれにしても，生徒の反応を見て，次の授業はどうしようか，今日やろうとしていたことをいつやろうか，何と差し替えようか，何を削ろうか，と思案するのが授業である。そうなると，今日の授業だけでなく，次回以降の授業案が頭にないと差し替えもできなくなる。残念ながら，それができていない先生は，生徒の活動や話し合いが盛り上がっても，それを止めて自分の計画した予定をこなそうとする。「このままじゃ，教科書が終らない！」と思うからである。

学期初めには，その学期中に何回授業があるかを，大雑把につかんでおく。テストの1か月前には，あと何回の授業があるかを確認する。授業そのものが単発になっている先生は，活動の組み替えができない。

　長期休業期間中に次学期のテストを作ってしまい，最終目標を明らかにしている先生は，そのテストでいい点を取らせるために，数か月分の授業を組み立てる。そういう先生は，教科書を終わらせることより，テストでいい点を取らせることがより大きな目標となり，いい点を取らせるために教科書を活用する。それをしない先生は，教科書を1ページずつ開き，行き当たりばったりの授業をする。事前に作った指導案を，授業中の生徒の反応に合わせて変えることができる柔軟さは，長期にわたる指導計画ができているかどうかにかかっている。

　このように，長期指導計画を持っている先生は，生徒が深く思考し始めた瞬間を，中身の濃い話し合いをし始めた瞬間を，生徒が伸び始めた瞬間を逃さない。生徒の成長が一番大きな願いだからである。

　teacher-centered な授業でなく，student-centered な授業をする先生のクラスは，よく話し合いをする。話し合いがうまいクラスは，生徒が学ぶ楽しさを知っている。関わることの楽しさ，気づくことの嬉しさ，共有することの安心感，みんなで作り上げた時の感動を知っている。

5.5.2　深く思考させるには

　学ぶ楽しさは，教師が用意してやらなければならない。寺子屋の時代は，学問できること自体が楽しく，立身出世の夢に胸を躍らせていた。今は，豊かな時代になり，生まれた時点で子どもたちは満腹状態になっている。しかし，親に今度のテストでいい点を取ったら○○を買ってやるぞと言われたら，今の子たちも俄然勉強し始める。また，何人かの友だちが集まって勝負しようと決めた時も，よく勉強する。つまり，獲得意欲と競争心はちゃんと持っているということである。ならば，それを授業で生かしたい。

　以下の問題にチャレンジしていただきたい。

問1　以下の会話はどこで行われているでしょうか。

Coach : OK, everyone, sit down. Be quiet, please, and listen carefully. My name is Janet Brown. Call me Coach.
Tom : Is she our new coach?
Jun : She's so young!
Coach : Don't talk!
Tom : Sorry, Coach.

問2　以下の会話は映画の1コマですが，（その～分後）というト書きを書き忘れていました。どこに入るでしょうか。また，それは何分後と書けばよいでしょうか。

Mrs. West : Let's make a pumpkin pie.
Yong : What should we do?
Mrs. West : First, will you cut and bake the pumpkin, Yong?
Yong : OK. How long?
Mrs. West : One hour.
Mrs. West : OK, Namil, would you mix the pumpkin with everything else?
Namil : OK, I can do that.
Mrs. West : Next, pour it into the pie shell.
Yong : Shall I do that?
Mrs. West : Yes, please. Then bake it for forty minutes.
Yong & Namil : OK.

　問1は，まずこのコーチが何のコーチであるかが分からないと，答えられない。水泳のコーチであればプールサイド，スケートのコーチであれば，ス

ケートリンクかもしれない。だから生徒は話し合いを始め，誰かが先生に聞く。「先生，このコーチって，何のコーチですか」。そこですかさず私は，In English?

　生徒が What does she teach? とか，What (kind of) coach is Ms. Janet Brown? と聞いてきたら，She is a soccer coach. と答える。すると生徒は，「部室」「教室」「体育館」「グラウンド」などと複数の意見を口にし始める。

　教師が，「今，4つの候補が出てきました。そこはないだろう，と思う場所を，理由を添えて言ってください」と言うと，生徒は，「部室」と言う。Why? と尋ねると，Women don't go to boys' locker room. と答える。さらに Why? と尋ねたら，It's せまい。とか，It's 臭い。It's 危険。などと言うので，そこで It's (too) small (for all the members to get together). とか，It smells bad. It's dangerous. などを教える。私が中学生だった頃の部室は，汗のにおいで臭かった。最近の生徒は，消炎剤入りスプレーと汗が入り混じった臭さがあるという。なるほどなあ，と思った。

　次に「教室」が候補から消えた。なぜかと聞くと，sit down という表現があるからだという。sit down ということは，立って待っていたということ。椅子がある部屋で立って待つということは，大統領級のすごい人が来るということであり，転校生や新しい先生が来ても，座って対面するのが普通だというのが生徒の言い分だった。したがって，場所は体育館かグラウンド。この時点で，初めて教科書を開くと，生徒は「イエー！」と叫ぶ。教科書の挿絵からは，正解はグラウンドだということが分かる（でも芝生があるので正解は In the field.）。中にはそれでも，「たまたまこの日は晴れてただけで，雨が降ってたらこの会話は体育館もあり得ると思います」と言う生徒がいたら，「それも正解だよな」と言ってやればいい。いずれにしても，答にたどり着くまでには，生徒は何度も何度も黙読し，相談している。

　なぜ相談するか。それは，答を思いついたら，生徒は黙ってはおれなくなるからだ。「分かった！」と思った生徒は，目をきらきらさせて教師のほうを向くか，友だちの答をのぞきこむか，友だちに「分かった？」と聞くかする。そ

してそれが，自然発生的な話し合いをもたらす。

　問2は，Mrs. West の OK, Namil, would you mix the pumpkin with everything else? というセリフの前に，70～80 minutes later が入る。なぜならば，Mrs. West がカボチャをオーブンで焼くのは1時間と言っているので，カボチャを切る時間，種を取り除く時間，切ったカボチャをプレートに並べてオーブンに入れる時間，60分後に焼き上がったカボチャを取り出して冷ます時間，冷めたカボチャの皮からスプーンで身をすくい出す時間を入れて合計すると，70～80分ぐらいにはなる。

　もう1か所は，Mrs. West の Next, pour it into the pie shell. というセリフの前に，5～10 minutes later を入れる。軟らかくなったカボチャと他のものを混ぜる時間をみておかないといけないから。Namil が OK, I can do that. と言ってから混ぜている間，Mrs. West は Namil と何かしら会話をしているはずだから，それを想像して書いても面白い。また，Namil の OK, I can do that. からは，控えめで料理には自信がなさそうな雰囲気が感じられるし，Yong の What should we do? や Shall I do that? には，やりたくてうずうずしている気持ちが感じられる。それを尋ねてもよい。

　もう1か所時間の経過があるのは，Mrs. West の Yes, please. Then bake it for forty minutes. という2文の間に，1～3 minutes later。ミックスしたものをパイ生地に流し込む時間である。ただし，この2文は一気に言った可能性もある。「僕がやりましょうか？」「ええ，お願い。で，それから40分焼いてね」というふうに。どちらかというと，後者のほうが確率は高いかもしれない。

　Mrs. West は，Yes, please. と言ってから Yong がカボチャをパイ生地に入れるのを1～3分じっと見ていて，よし，できたと思った時に Then bake it for forty minutes. と言ったとも取れるが，私なら，その場合 OK. Good. Thanks. Then bake it for forty minutes. のように，「OK。それでいいよ。ありがとう。じゃあ，次は…」などの言葉を入れると思う。

　ト書きが入りそうで入らないところが1か所。Yong の，OK. How long? の

間。OK.（3 minutes later）How long? と考えられた方は，Yong が OK. と言ってカボチャを切り，種を取った後で How long? と聞いていると思われただろう。しかし，その場合は How long? だけでは不足している。

ウエストさん：　最初にこのカボチャを切って焼いてくれる，ヨン君。
ヨン：　　　　　いいですよ。
　〜ひとしきりカボチャを切る〜
ヨン：　　　　　何分ですか？

　これでは，最後のセリフが唐突に聞こえる。「で，何分焼くんでしたっけ？」のように，How long should I bake the pumpkin? のように，完全な 1 文でなければならない。Yong が How long? というふうに，should I 以降を省略したのは，Mrs. West が First, will you cut and bake the pumpkin, Yong? と言った直後に OK. How long? とすかさず言ったからだと考えられる。

　また，最後の Yong & Namil の後にはト書きは書かない。「その〜分後」というト書きは，「その〜分後にこの会話が始まります」という意味で，今から始まるセリフの前に書くからである。

　このように，授業は「指示・発問」で深くなる。深いからこそ生徒は考え，間違うから読み返し，分からなくなるからヒントを求める。そして，誰かが，どこかのグループが答を見つけたら，その子はニコニコし，そのグループは喜びが爆発してハイタッチをして喜び，他のグループは悔しくてまた相談し始める。答を知りたいという欲求が強くなるからである。読者の中にも，問 1 が終ったら，問 2 に移るのではなく，後の部分を先に読んで問 1 の答を探された方がいらっしゃるのではないだろうか。もしそうなさったとしたら，それが生徒の気持ちである。

　授業では，よい「指示・発問」をしたら，後は「我慢と観察」。説明したいことを我慢し，ヒントを工夫する。それが，子どもたちの話し合いを促進する。生徒の心理を研究すると，授業が変わる。

第6章

支え合う学習集団作り

6.1. なぜ教え合いをするのか
〜教師の限界と fast learners 〜

　英語は技能教科である。生徒一人ひとりと向き合い，トレーニングすることで伸ばしていかなければならない。どれぐらい伸びたかを測るには，定期的に一人ひとり確認しなければならない。これは膨大な時間を要する。2人の教員のティームティーチングでも，3人の教師が協力して生徒の面倒をみても，足りないぐらいである。教師が全員をみることは不可能に近い。だからこそ，生徒の教え合いや相互チェックのシステムを取り入れたい。

　私は，中学校勤務時代の後半は，
　①到達目標とテストを早めに明らかにし，
　②その到達目標にたどり着くためにやるべき学習法を提示し，
　③授業でそれを体験させ，
　④家庭で続きをするように仕向け，
　⑤生徒が家庭で行った自学をチェックし，
　⑥その結果，生徒ができるようになったことを目の前で証明させる，
という流れで授業を行っていた。私が授業であまりしゃべらせてもらえなかった理由が分かると思う。「先生，俺もその説明聞かんといけませんか」「先生，黙っちょって」「先生，邪魔」と言われる理由がお分かりいただけると思う。

　①，②は計画性と経験で財産ができるので，ベテランほど時間をかけなくもできる。しかし，それまでの積み上げは膨大なものである。そうでないとできない。

Talk and Talk インタビューテストの受け方

Part	制限時間や注意事項など
14	2問40秒以内。Who is this woman? Where is he from? などの最後は下げて読む。1～6から1問，7～8から1問。
15	2問50秒以内。1行目の Whose book is this? は最後を下げて読む。1～6から1問，7～8から1問。
16	2問60秒以内。I は弱く読み，その直後の動詞を強く読む。read の r を正しく発音する。
17	2問50秒以内。don't を強く読む。every の v と r を正しく発音する。4，7から1問，5，6，8，9から1問。
18	2問60秒以内。He や She は弱く読み，その直後の動詞を強く読む。read の r を正しく発音する。動詞の語尾の s をはっきり発音する。watches は〔ウォチーズ〕と読む。
19	2問50秒以内。doesn't を強く読む。every の v と r を正しく発音する。
20	3問60秒以内。(1)～(3)の質問を先生にする。その後，先生があなたが暇な時にしていることを尋ねるので答える。さらに，あなたの家族の誰か（あなたが "Mother, please." とか，"Brother, please." などと指名してください）について先生が尋ねる，英語で答える。
21	2問30秒以内。
22	5問連続正しく反応する。Simon says, " ." と言われた時だけ動作をすること。
23	2問30秒以内。
24	2問50秒以内。ジェスチャーをつけてやること。4～8から2問。
25	30秒以内に先生を3回 "Yes, I do." と言わせる。
26	2問50秒以内。doesn't を強く読む。can you を〔キャンニュー〕と正しく発音する。
27	4問30秒以内。1～4の質問を先生にする。同じ質問を先生がするので答える。

教科書音読の仕方

Part	詳しいやり方や制限時間，注意事項など
5-1	Read and Look up をする。（30秒）
5-2	ペアで一方が教科書を音読。もう一方が，2人称読みをする。them や he などは元の名詞に戻して読む。Write me back. に対しては，I will write you back. と言う。役割交代する（60秒）
5-3	ペアで一方が教科書の左側のページを音読。もう一方が，教科書の右のページを参考に，内容に答える。役割交代する（60秒）
6-1	ジェスチャーを8つ入れて1人3役音読をする。最後にもう1文加える。（30秒）
6-2	シャドーイングをする。
6-3	Read and Look up をする。（30秒）
7-1	ペアで，一方が wh-question で尋ね，もう一方がそれに答える。Yes / No の質問も1つに限り OK。役割交代をして質問をし，答える。同じ質問でもよい。（60秒）
7-2	MD に録音された ALT の先生と電話で会話をするように，教科書を音読する。ただし，暗記してくること。
7-3	ペアでジェスチャーを15カ所つけて英語で音読。役割交代をする。（60秒）
8-1	Read and Look up をする。（30秒）
8-2	シャドーイングをする。
8-3	Read and Look up をする。（30秒）
9-1	I を Miss King, this を that, Can you を I can にするなどして，3人称読みをする。（30秒）
9-2	シャドーイングをする。
9-3	シャドーイングをする。

　③，④は時間がかかる毎日の授業の営み。

　⑤は空き時間返上で必死に行う。

　⑥も授業で時間を確保しないと，生徒に叱られる。授業の始まる前に英語教室に飛んできて，「先生，授業前に1本テスト受けさせてください！」と頼み

こむ生徒，インタビューテスト予約表を黒板に書き始める生徒，早くノートをチェックして返してくれと要求する生徒。時には，ALT が授業でイニシアティブを取っている間は，授業と生徒を ALT に任せて，必死で自学帳のチェックをしていることがあった。授業と自学が直結していたので，生徒は早く自学帳を返してもらって，間違いを知り，授業中に直し，授業中にスティッカーを1枚でも多く Can Do リストに貼りたかったからである。

　学級，学年全体の成績を底上げするためには，生徒一人ひとりの心に火をつけないといけない。一人ひとりが燃えると，一人ひとりを見てやらないといけない。そうなると，時間が足りなくて一人ひとりを見てやれないジレンマに陥る。最後は生徒に対して，自然にこの言葉が口をついて出た。

　「みんな，やるべきことが終ったら手伝ってくれ！」

6.2. トップ層を育てる　〜学習者心理と教え合い〜

　教え合いを実践するためにもっとも大事なのは，まず fast learners に支持してもらうことだ。そのためには，彼らをしっかり満足させてやらなければならない。具体的な方策は，第3章で述べた（p.76参照）。次に，彼らの学習者心理を探ってみる。

　課題が終った生徒は，「できた！」という達成感を味わう。その後の行動は，3つのタイプに分かれる。

　①次へ進みたいタイプ。
　②友だちを手伝い始めるタイプ。
　③遊んでしまうタイプ。

　①のタイプは，ライバル意識型。また，勉強に対してプレッシャーを感じていて，少しでもいい成績を取りたいと思っている子。あるいは，やっていることが面白くて，もっともっとやりたいという純粋な願望を持っている生徒。こういう生徒に対して，「友だちを手伝ってあげて」と頼むと，難色を示す。そういう時は，早めに諦めて，先に進ませる。ただし，まだ無理なところは，説

得してやめさせたほうが得策である。

　こういう生徒たちのためには，2番手，3番手，4番手の課題を用意しておく。すべてやり終えてしまったらこう言う。

　「嘘だろ。そんな。これだけの課題が1日で終わるなんて，予想していなかった。まいりました。まさか終わるやつが出るとはなあ…。今日はこれ以上の課題を用意していません。悪いけど，まだできていない人を手伝ってくれる？」と言うと，満足そうな顔をして，「いいですよ」と言ってくれる。

　進みたがる子を止めて，友だちの手伝いをさせることは，教え合い学習の崩壊を意味している。焦らず待つ。作戦を練って，待つ。

　②のタイプは，本当にありがたい存在である。自分が合格した喜びを友だちにも味わってほしいと思い，何も言わなくても友だちを助け始める。あるいは，小学校時代から，弱い子を守ってきた子たち。見ていてじーんとくる。ただし，中1は小学校の先生方の意向でそういうペアは同じクラスにしてあることが多く，責任とプレッシャーを感じて，無理して友だちを助けにいっている生徒もいるので，安心しないことだ。常に子どもの本心を探る。授業作りのネタを探してアンテナを張っている先生ほど，よい教材に巡り会うことが多いのと同じで，学習者心理も，常日頃から分かりたいと願っていなければ，目に映ったことが脳に届かない。

　③は，しばらく泳がせておき，「アリとキリギリス」の物語を体験させる。①のタイプが満足して友だちを教え始め，クラスが教え合いの熱気を帯びてきた頃に，③のタイプの肩をたたき，「おい，見てみ。他の子たちはどんどん進んでいるぞ」と言えば，「やべっ！」と言って勉強に戻っていく。そして，教師は③の子と一緒に遊んでいたslow learnersを「さあ，行くで〜」と引き連れて行き，鍛え始める。

6.3. ティーチャー制度
〜関わり合いのシステム作り〜

　生徒同士の教え合い活動は，いきなりやろうとしてもうまくいくものではない。教師の側にも準備が必要だし，生徒の側が英語授業のさまざまな活動や約束事に慣れる時間も必要である。

　私の場合，中学１年の１学期には，まず「ティーチャー制度」というものを取り入れていた。ティーチャー制度も生徒に先生役をしてもらうが，本来の「教え合い」とは内容が異なる。詳述すると，以下のようになる。

　たとえば Talk and Talk を使っての活動として，インタビューテストがあった。Talk and Talk の１つのページには８〜９問の設問があり，生徒は授業で数問体験し，やり方が分かったら今度はノートに答を書いていく。続きは家庭で行い，書いたものは自学ボックスに入れて教師にチェックをしてもらう。何度か書き直すうちにすべて正しく書けるようになった時点で，生徒は以下のような合格カードをもらう。

```
You have successfully
written all the answers for
Talk and Talk Part _____.
```

（生徒の名前を教師が書いてやる）

図14　Talk and Talk の合格カード

　Talk and Talk のインタビューテストでは，それぞれのページから教師が２問程度出題し，何秒以内に答えれば合格という基準を作っていた（p.141参照）。

　まず，練習をたっぷりして自信をつけた生徒が私のところに来てテストを受ける。合格したら，今度はその子がストップウォッチを持って，後続の生徒の面接官をする。こうすると，私は fast learners の何人かをチェックした後は，チェックを面接官役であるティーチャーの子に任せることができる。

そのためには，ティーチャー役の生徒が，友だちのパフォーマンスを正当に評価できているかを確認しなければならない。だから，私はティーチャー役の生徒を1列に並んで座らせ，その背後を歩き回って彼らの採点をチェックした。ティーチャー役の生徒も，「先生，今のは合格にしていいですよね」とか，「今のは不合格ですよね」などと私に質問してくるので，お互い確認し合った。
　このプロセスを経て，ティーチャー制度が機能し始めたと思ったら，できていない生徒，遊んでいる生徒の面倒をみに行く。最初は，頑張りたい生徒がどんどん私のところにチェックをしてくれと来るので，その子たちを優先する。遊んでいる生徒は何度か注意をしておけば，おおっぴらに遊ぶことはしないので，その後しばらく様子を見ることにしている。叱られて学習するより，自覚して学習するほうが長続きする可能性が高い。いずれ，学習の大切さを痛感するわけであり，その時に戻ってこられるよう，門戸を開いておくのと同時に，インタビューテストなどで合格して喜びを味わった生徒が，遊んでいる生徒を勉強に巻き込んでくれるよう，裏で手を回したりした。
　このティーチャー制度の話を先生方にすると，
　「生徒が生徒の到達度をチェックして，それで合格したらポイントを与えるのですか。生徒が合格にしたものを成績に入れると，信頼性の問題が出てきませんか」
と疑問を投げかけられることがある。確かに，それはある。だから，ティーチャー制度の下で実施したインタビューテストで点数を与えるのは，中1の1，2学期だけである。まだまだ英語のレベルも低く，多少甘く成績をつけても影響はない。もちろん，ティーチャーが正しい評価基準が持てるよう，前述のようにつきっきりで指導するので，かえって生徒同士では厳しすぎたりするぐらいだった。
　それよりもむしろ，この活動の趣旨は生徒のテストの機会を増やすことにある。英語はドリルをたくさんする教科であり，たくさんインタビューテストの機会があれば，その分合格の可能性も広がるし，可能性が高いと分かるほど練習量も増えてくる。努力をすれば合格できるんだということを生徒に体験させ

ること，そして，自分は英語は得意教科だと思ってもらうことがねらいである。

　中１の３学期は，Talk and Talk のインタビューテストや教科書音読テストは評価に入れない。それらを複合したインタビューテストをするので，いずれにしても各ページをやっておかないといけない。だから生徒には油断しないよう注意を喚起するが，ティーチャー制度はほとんど使わない。

　ティーチャー制度は他の形態もある。たとえば，スペリングコンテストなどで，全問正解だった生徒が Teacher や Instructor, Helper, Adviser などが書いてある名札を胸につけて教室を巡回し，Please check my answer. と言った生徒の答合わせをしてやるとか，中２の１学期からは，Last Sentence Dictation（p.111参照）が始まるので，パーフェクトだった生徒が同じようにタグを胸につけて他の生徒の採点をしてやったり，間違っている生徒にヒントを与えたりするシステムである。個別学習の答合わせは，ティーチャー制度を利用したほうが早く終るので便利である。

　さらに，入試問題集など，全問正解だった生徒がティーチャーになり，分からない生徒が手を挙げたら，その子のところに行ってその問題を解説するというやり方をとれば，教えるほうも To teach is to learn twice. という諺を実感するし，教わるほうも分かるまで聞き返せる。

　英語の授業に限らず，入試問題集の解説ほど教師・生徒両者にとって授業の楽しみが感じられないものはない。それは，教師が一方的に説明し，生徒は板書を写すだけだからである。さらに，満点を取った生徒も分かりきった説明を聞かなければならない。ほとんどの生徒は，「その説明，俺も聞かないといけませんか」と言う勇気はない。解説を生徒同士にやらせてみると，放課後の自主勉強会のように活発な教え合いが始まるので，ぜひお試しあれ。

6.4. ペア作り・グループ作り
～生徒の人間関係と教え合い～

　ティーチャー制度での到達度チェックは，単純に「○秒以内で言う」などのチェックを教師の代わりに生徒がしてくれるのだが，教え合い活動はそれとは意味合いが違う。文字通り，教え合う活動である。先に分かった子が，分からない子に対して，分からないところを解説したり，ヒントを与えたりして解答に導いてあげる。

　教え合い活動をする時は，偶然隣同士に座った生徒たちをペアやグループにすると，うまくいかない時がある。そこで私は，関西外国語大学の中嶋洋一先生から教わったペア作りを参考に，意図的なペア・グループ作りをしていた。

①まず，中1の1学期にドリルをたくさんやり，すべて合格してスティッカーで埋め尽くされた到達度チェック表を，生徒から譲り受けて英語教室の壁に貼る。

②2学期の初めに，これからペア・グループを作ることを宣言する。

③自分は1学期になかなかスティッカーがもらえなかったという人は，1学期に到達度チェック表がすべて埋まって，英語教室に貼られた人とペアにしてあげるから，その中で自分が一緒に勉強したい人を推薦するように言う。

④クラスの男子半分，女子半分が推薦された時点で，打ち切る。

⑤黒板に名前がない人（推薦されなかった人）は，前に出て紙をもらい，黒板に名前が書いてある人（リーダーとして推薦された人）の中で自分が一緒に勉強したい人を4人選び，その紙に自分の名前とともに，4人の名前を書く。そのうち，自分が推薦した人は名前をマルで囲む。ただし，男子は男子のリーダーさん，女子は女子のリーダーさんの名前を書く。

⑥英語教師が仮のペアリングをする。この時，休みがちな生徒や，手のかかる生徒は，1人のリーダーにつき，2人つけることもある。

⑦担任の先生に，その案でいいかどうか伺いを立てる。時には「このペアは

今はいいけれど，そのうちけんかする可能性がある」とか，「表面上は仲がいいけれど，本当は仲がよくない」「このリーダーさんはすごく頑張る子だけど，実はこの相手に対しては小学校からずっと面倒をみてきたので，疲弊している」などの重要情報をいただくことがあり，そういう場合は部分的に作り直す。

⑧1人で2人の生徒をみるリーダーさんや，問題行動を起こす生徒とペアリングをしたリーダーさんなど，ケアが必要なリーダーさんをこっそり呼んで，面倒をみてくれるようお願いをする。

⑨ペア一覧表を授業の中で掲示し，発表する。

⑩リーダーさんに出てきてもらい，たとえば1〜9のあみだくじを男女別に引いてもらう。出た数字がグループの名前と座る場所を示す。ここで，1つの男子のペア（中にはトリオもあり得る）と1つの女子のペア（同）が偶然同じ班になる。男女比のバランスが悪いクラスは，たとえば男子と男子のペアが1つのグループを形成する場合もある。

⑪座席は毎月最初の授業であみだくじを引いて決める。偶然，男女のペアが前月と同じになることもあるが，基本的には異性ペアが変わる。ペア内のメンバーは1学期間変えない。

このやり方だと，リーダーさんは自分のパートナーは自分を選んでくれた人という気持ちを持つ。パートナーさんはパートナーさんで，自分が選んだ相手だから，うまくやっていこうという決意をする。手のかかる手法ではあるが，確実に成果を生み出す。1999年に中嶋先生が松江一中まで授業を見に来てくださった時，ペアやグループが機能しているとお墨付きをいただいた。

ポイントは1学期にすべての活動が終了した人の到達度チェック表を貼って，リーダーになるべき生徒を視覚的に捉えさせること。こうしておくと，英語力の高くない子がリーダーに推薦されることを避けることができる。

ペア・グループ学習は大きな成果をもたらすが，それはそのペアやグループの人間関係がよい場合のことであり，人間関係がうまくいっていない時や，まだ人間関係を構築できていない時に，無造作にペアやグループにさせないほう

がよい。

　中1の1学期は，教師が生徒の人間関係をつかめていないし，生徒同士もお互いを探り合っているので，少し待ってやるほうがいい。家庭学習を体験させる月間を作るなど，たっぷり個別学習をさせた後，ティーチャー制度を取り入れて友だちと向き合わせ，お互いを理解する機会を持たせる。その後，2学期，3学期は前述のように意図的にペアを作る。

　中2の1学期は，ペア・グループ学習に向かない。クラス替えの直後で，「顔は見たことあるけど口を利いたことがない」人たちと一緒のクラスになったことで，プレッシャーを感じている。中学校へ入学した時は，新しい友だちとうまくやりたいと願っている。保護者にも小学校の先生にも，このことは口が酸っぱくなるほど言われているからである。しかし，中2のクラス替えの時は，それほどのコミットメントはない。だから，1年生の時に苦労してやっとで人間関係を作り，クラスができあがったと思ったら2年になって新しいクラスになり，また「知らない人たちとうまくやっていかないといけない」という重圧と闘うのかと思い，げんなりしてしまっている。だから，2年の初めには，「1年のクラスのほうがよかった」という生徒が特に女子に多い。それは，今が辛いという意味である。そういう子どもたちの心理を読まずして，「はい，となりの人とペアになってください」と言うから，英語の時間が嫌だと言い始める。

　ペア・グループ学習は，人間関係がものをいう。残念ながらすべての生徒が仲良くやっているとは限らないので，生徒の人間関係や心理状態を考慮してペアやグループを作りたい。

6.5. 問題は目の前で起こさせる
　　　〜生徒指導のチャンスを作る教え合い〜

　小学校では，学級担任がほとんどすべての教科を教える。したがって，次の授業に備えて担任が教室に残ることも多く，児童の近くには常に誰か先生がいるという状況にある。一方中学校では，授業のたびに先生が代わる教科担任制

であり，授業が終ると先生方は職員室へと帰っていく。

　学校は突発的な事件がよく起こる場所である。特に休憩時間が多い。その時小学校では，「せんせー，○○ちゃんと△△ちゃんがけんかしてる！」とか，「せんせー，□□君がガラス割った！」と，教室で仕事をしている担任の先生を呼びに来る。先生が現場に行くまで数秒。そこには，当事者と野次馬がうようよしている。「どうしたの！　何があったの！」と先生が聞くと，「○○ちゃんが～してね，そしたら△△ちゃんが…したから，けんかが始まったの」と目撃者がたくさん，同時に説明し始める。

　一方，中学校では，休憩時間は生徒の近くに教員がいない。かくして，事件が起こって誰かが教員を呼びに行っても，教員が現場に駆けつけた時には，すでに当事者は逃走。目撃者は，へたに巻き込まれたくないと思う知恵を身につけているので，これもまた退散してしまっている。そこで，威圧的な教員は当事者を呼び，叱りつける。荒れている学校は，こういう頭ごなしに叱るタイプの先生が，必ずといっていいほどいると思う。

　何か事件が起こった時は，とにもかくにも事実関係を明らかにしないといけない。生徒同士のトラブルであれば，両者を別室に分けて入れ，何があったかを聞く。教員の目の前やすぐ近くで起こった事件は，証人がたくさんいるから取り調べで嘘をつけないが，教員に見られていない時は，少しでも自分の有利になるように証言をするのが人間の性というものだ。私も，「昨日勉強したか？」と尋ねられて，「はい，少し」と答えても「ほとんどしていません」とは言えなかった。子どもならなおさらである。ついつい，嘘が口をついて出てくることもまれではない。だからこそ，事件後の事情聴取の後は，何があったのか，時間軸に沿って思い出させて書かせる。

　両者の言い分が違った時は，1日おいてから再度別室に呼び，「1日経って気持ちが落ち着いたと思うから，昨日書いたことをもう1回読んでごらん。何か間違いはないかい。だいたい，興奮している時に書いたことは，後になって読み返してみると，あれっ？　と思う箇所が出てくるからな。全部見直して訂正すべきところは訂正し，最後にサインをしてな。この紙は証拠として保存し

151

ておくから」と言うと，消しゴムを使い始める。

　この時もシラを切って，教師がつかんでいる情報とは違うことを書いたなら，それ以上追求しない。間違ってそう思いこんでいたり，そう思いこもうとしているうちに本当にそうだったような気になってしまっている生徒もいた。あるいは，嘘をついていることが明白でも，絶対に自分の言い分を曲げないタイプかもしれない。こういう場合，保護者も子どもの言い分を信じるので，トラブルがよけいに複雑化，混迷化する。

　授業で教え合い活動をさせるのは，教師の目の前でトラブルを発生させる意味がある。世の中では，大人があれほど問題を起こしている。問題を起こさなければ，警察も，新聞も，テレビのニュース番組も成り立たないと思うが，毎日新しい事件が発生しており，仕事がなくなることはない。なのに，子どもは事件を起こさない，などということは絶対にあり得ない。要は，事件が起こった時，どう対処するかをみんなで話し合い，同じような事件を起こさないよう努めることである。

　ティーチャー制度と教え合い学習では，以下のようなトラブルが発生する。

＜ティーチャー制度＞
①ティーチャーが厳しすぎて，チェックを受けている生徒から不満が出た。
②ティーチャーが冷たい。
③チェックを受けている生徒が，「甘く採点して」と言ってきてティーチャーが困った。
④チェックを受けている生徒がろくに練習もしないでインタビューテストを受けに来たので，ティーチャーがそれを指摘したら文句を言い返された。
⑤チェックを受けている生徒がろくに練習もしないでインタビューテストを受けに来たので時間がかかり，並んで待っている他の生徒から「早く終れ」と文句を言われ，けんかになった。

＜教え合い学習＞
⑥教えてもなかなか分からないので，教えているほうがキレた。
⑦教えてもなかなか分からないので，その子を馬鹿にした。
⑧一生懸命教えようとしているのに，教わるほうがふざけて聞かなかった。
⑨分かっている子が，まだ分からない子に教えようとしない。
⑩グループで，仲間外しにあった生徒が出た。

　①，②は，ティーチャーに相手のことを考えさせる貴重なチャンスと捉える。発音など，自分ができるからといって，必ず相手もできるとは限らない。また，60秒以内に終えるという活動をした時，61秒かかってしまった相手に，「はい，だめだめー。不合格。はい，次の人」などと冷たい言い方をした時は，自分が言われたらどんな気持ちになるか，感じさせる。
　③〜⑤は，しっかり練習してから来るように言うだけでなく，その子に付き合ってやるとよい。できるようにしてあげるのも，教師の務めである。練習に付き合ってやると，落ち着いて勉強し，その後でインタビューテストを受けに行くとだいたい合格する。一度そういう経験をすると，落ち着き始める。このような場合，正論を述べるだけで，その子に時間を割いてやらなければ，その子との人間関係はできない。そして，それは後々尾を引くことになる。
　⑥は，教えたほうへの指導も必要だが，そうなる前にヘルプを入れなかった教員の落ち度もある。リーダーさんが一生懸命教えてもどうしても理解できない生徒がいたら，「ありがとう。ここからは私がやるから，君は自分のことをしなさい」と解放してあげないといけない。このさじ加減を間違うと，教え合い学習が嫌になってしまうリーダーさんが出てくる。とにかく，教員はしっかり生徒を観察しなければならない。1人の生徒に集中して教えていても，数分おきに教室全体を見渡さなければならない。
　次に⑦。教え合い学習で絶対やってはいけないのが，相手を馬鹿にすることと答を言ってしまうこと。そのことは教え合い学習を実施する前に，必ず伝えておく。それでも相手を馬鹿にした時は，絶対に許さない。自分を傷つけたり，

人を傷つけたりした時は，厳しく叱る。

⑧は，何が原因であったかをまず探る。ちゃらちゃらしていたのであればその子を諭すが，リーダーさんに何らかの理由で不信感を抱いたからそういう態度をとったというケースもあり得る。だから，ふざけた生徒を教室の後ろなど目立たない場所に連れて行き，「どうしたの？　何か腹が立つことがあったの？」と聞いてみることから始める。最初から叱らない。教師に呼ばれて最初に言われた言葉が，自分を受け入れる可能性がある言葉であるか，端から否定する言葉であるかは，生徒にとっては大きな違いがある。

⑨，⑩は，クラスの問題として担任に報告し，方針を決定する。心にとげが刺さっている生徒がいるわけであって，そのとげを抜く方法を考えることからスタートしなければならない。とげが刺さったままでは，どんなことを言われても心に響かない。

私が最も印象に残っているのは，⑥のトラブルである。ある男子のリーダーさんは，キレはしなかったが，私に「先生，あいつマジですか。マジであんなに分からないのですか」と聞いてきた。私は，「そうだよ。あの子は一生懸命だよ。でも，分からないんだよな。そういうことを知る経験をすることも大切だよ」と言った。

彼（A君とする）とはまた，もう1つ印象的なやりとりをしている。

私がMy Typical Dayという典型的な1日のスケジュールを英問英答形式で60秒以内に伝えるというインタビューテストをしていて，どうしても2分かかってしまう生徒（B君とする）がいた。来る日も来る日もその子は不合格になり，最後は努力賞として，「よし，許したる。全部正確に言えているから，合格にしたる」と言ったら，それを近くで見ていたA君は，「えー，そんなの不公平だ」と言った。

ここはチャンスだ！　と思った私は，次のように言った。

「たとえば自分が足が遅いとするで。運動会のリレーでみんなの足を引っ張ったらいけんと思って，おまえは毎日練習しちょったのに，当日抜かれてしま

ったとする。そこへ，全然練習せんでも足が速くて，今日も何人か抜いたやつが来て，『おまえのせいで負けただろ！』って罵声を浴びせられたらどんな気持ちになる？」

彼は言った。

「嫌な気持ちになる」

「だろ。で，A君，自分はこの My Typical Day は何回目に合格したの？」

「3回目です」

「で，B君，君は今まで何回インタビューテストを受けたの？」

「分かりません。20回ぐらいかな…」

私はA君に向かって言った。

「B君はかけっこでいうと，足が遅いタイプだな。でも，一生懸命練習しちょる。A君よりたくさん練習したかも知れんで。なのに，A君よりずっとたくさん悔しい思いをしてきた。確かにまだ時間はかかるけど，十分努力したけん，合格にしてやってもいいと思うんだわ。なあ，B君」

すると，B君が言った。

「合格は嬉しいけど，でも本当は60秒で言えるようになりたい」

次の瞬間A君は，じゃあ俺が練習付き合ってやると言って，B君の面倒をみはじめた。何日かして再度テストを受けたら，80秒になっていた。するとA君は，「結構伸びたでしょ」と私に言ってきた。私は，「俺より伸ばすのうまいなあ。ありがとうな。2人ともよく頑張った！」と称えた。slow learners を伸ばすのは，教師だけでは絶対に無理である。こういう生徒の協力が，学力向上だけでなく，温かい学年を作る。

A君は非常によくできる子である。いつかはこういう子たちが，行政や会社の中枢部に入り，世の中を動かしていく。彼のような生徒たちが将来，行政職に就いたり会社の上層部で働く時，努力しても結果が出ない人に温かい気持ちで接することができる人間になってほしい。A君はそのための貴重な体験をしたのではないだろうか。

「教え合い」とは，一方的に勉強を教えることを意味するのではなく，相手

を知ること，相手から学ぶことも意味している。「教え合い」と「学び合い」がよくセットにされる所以である。A君などはそのいい例で，B君から何かを学んだはずだ。

6.6．教え合いの楽しさ

　先述したように，教え合い活動では，「答は教えてはいけない」という約束事がある。教え合いのポイントは，双方の生徒がどれだけ脳を使うかである。ストレートに答を教えてしまったら，お互い頭も心も全く働かない。教えるほうがヒントを工夫して相手を正解に導こうと努力すると，教わるほうも知っている知識を総動員してそのヒントから答を探ろうとする。その末に答が分かったら，抱き合ったりガッツポーズをしたりする。「よっしゃ，できた！」と叫ぶ時の喜びは，教わるほうより教えるほうが大きいかもしれない。

　ヒントを工夫することは，将来の仕事につながる。ある時，自分は人に教えるのは嫌だという生徒がいた。自分は成績を上げるためにお金を払って塾に行っているのに，なぜ人の成績を上げる手伝いをしないといけないか，というのである。

　「そりゃそうだよな。気持ちはよく分かる。でも，こういう考え方はできないかい？」

　「どういうことですか？」

　「たとえば，自分がクライアントを目の前にして新製品を説明しているとするよ」

　「え？　クライアントって？」

　「顧客，つまりお客様のこと」

　「自分が一生懸命説明するけど，相手は分かってくれない。そういう時に，『何で分からないの？』って言えるかい？」

　「いいえ」

　「そういう時は，『えーっと，何か説明に使える資料がないかな』と周りを

見る。『あ，あのパンフレットが使える！』とか，『あ，あのデータを見せよう！』と気がついたら，それが君の資料活用能力。資料活用能力とは，過去にやったことで今使えることを探すことだから，復習と，過去に学習したことの定着度を確認する意味がある。つまり，教えることは学力を高めることなんだな。さらに，『えっと，あれは机の2番目の引き出しに入れてたな』とか『あれは資料室の書棚の中だった』などと思い出すのが，ファイリング能力。見せるべき資料を思いついても，それがどこにあるか思い出せなければ意味がない。つまり，教えるってことは，資料活用能力とファイリング能力を高めることに他ならない。会社での生き残りの術だよな。今のうちに練習しておくと，得だと思うよ」

「……。やってみます」

昔の私だったら，彼のようなことを言う生徒に対してはむっとして「そんな冷たいこと言うな」と感情的に叱ったと思うが，42歳になった年のある日，人間は年齢を重ねるほど成長しないといけないと悟り，それから辛抱することを覚えた。

教え合い学習の利点は，分からなければ何度でも聞き返せる安心感，相手が分かってくれた時の喜び，練習を付き合ってあげたら伸びてきたので，インタビューテストを受けてこいと送り出して付き添い，その子が合格して2人でハイタッチをし，「ありがとう」「いや，おまえが頑張ったからだよ」とお互いに温かい言葉をかけ合う瞬間など，たくさんある。

ある夜，一生懸命に教えた相手がどんどん伸びてきているので，「先生，あの子もうリーダーになっても大丈夫だと思います。自信をつけさせてあげてください。今の彼女の力なら教えて分かってくれた時の，何とも言いようのない達成感を，彼女も味わえると思います」と電話してきた女の子がいた。

あるいは，それまでほとんど自学をしなかった生徒が突然自学帳を出してきて，「リーダーさんがすごく一生懸命に教えてくれるんだけど，私は頭がよくなくてなかなか分からないので，もっと勉強しないと申し訳ないと思いました。

これから自学を頑張ります」と書いてきた。彼女の面倒を見てくれていたリーダーさんには，それを伝えた。本当になかなか分かってくれない子だったけれど，後日，やはりその子に理解してもらえなくて苦しんでいたリーダーさんに，「そろそろ代わろうか」と提案したが，「いや，もう少し頑張ります」と答えた。

　大学でも，スポーツ推薦クラスの学生は，活発に教え合いをする。課題が終った学生は，無罪放免となり，学食で腹ごしらえをしてよいと言ってあるのだが，帰ろうとしてもまだ終っていない学生に必ず捕まる。「おい，おまえばっかり帰ってええと思とんのか。教えろや」などと言われ，引きずり込まれる。そのうち火がつき，ビシバシと教えた後，「先生，こいつもういけると思います。テストやったってください」と言うので，チェックしてやると見事合格！
　「やっぱ，俺，天才や！」
　「おまえなあ，誰のおかげで合格したと思てんねん！」
　彼らは口は悪いが，教えてもらったことに対してティームメートに感謝している。最後に，ドアのところで「サッカー部，失礼しまーす！」と全員がそろって挨拶をするのを見ると，仲間っていいなと思う。

6.7. 英語教室をつくろう
　　　　〜資料活用能力とファイリング能力〜

　英語は技能教科である。技能を伸ばすためには，訓練が不可欠だ。言語学習は，口頭練習が欠かせない。音読を工夫すると生徒は夢中になり，彼らの声は合唱練習に匹敵するぐらい大きくなる。インフォメーションギャップやインタビュー活動でも大きな声が出る。CD，DVDなどの視聴覚教材を使用した授業では，どうしても他の教室に音が漏れてしまう。

　となると，英語科も音楽室のような防音対策をした部屋が必要になってくる。従来のインプット中心の授業から，生徒が考え，相談し，動き，練習をし，その成果を検証するという授業に変わると，英語教室は必需品となる。

　英語教室には，以下のようなさまざまなメリットがある。詳しくは，『英語教育　2008年12月号』（大修館書店）を参照されたい。

①教材・教具を置いておくことができる。
②機器類を固定化できる。
③英語の掲示物を充実させることができる。
④昼休憩や放課後の学びの場となる。
⑤昼休憩に映画や音楽鑑賞ができる。

　この中でも特に①は大切で，fast learners のための棚を1つ購入しておき，気がついた時にどんどんストックを作って入れておくとよい。全社分の教科書をそろえたり，大学入試用のいわゆる赤本を置いたり，辞書を並べておくスペースがあると便利である。

　また，③は教え合い活動の必須アイテム。英語教室を見回して，相手が分かってくれるためのヒントを探す生徒のために，適切でタイムリーな掲示物を貼っておくためには，普通教室ではそのスペースが確保できない。

　大学では②で大いに苦しんでいる。毎回スーツケースを持って歩くのは大変だ。特に，キャンパスが広い大学では，教室移動で息が切れる。

　実は，英語教室の利点で，私が予期していなかったことがあった。それは，生徒が昼休みや放課後に英語教室にやってきて，教え合い学習の続きをすることであった。授業中に，「もう，おまえが覚えるべきことを覚えてないけん，そんなに分からんのだでー。これを覚えんことには，俺がどう説明しても先には進めんわや。早く覚えてしまえよ！　だいたいなあ，英語なんて教えてもらってできるようになる教科じゃないんだけん。おまえが覚えんと，どうしようもないわや！　よし，今日は昼休み，暗記テストをします。それで不合格だったら，明日の昼休みもなしじゃー！」などと言っている生徒が思い出される。この時は，笑った。まるで，自分を見ているようだった。でも，あまり私に似ないほうがいいと思う。

　全国から授業を見に来てくださる先生方や取材の方々も，この熱気には驚いておられた。教え合い学習は，生徒にとってそれほど面白いのだと思う。ただし，成績のつけ方が分かっており，どうすれば力がつくかを具体的に提示していないと，ここまで自主的に勉強することはない。自主的な教え合いは，生徒

が「この先生の言うことを聞いていれば力がつく。だからあなたもやったほうがいいよ」と思ってこそ，成立する。

 なお，ティーチャー制度や教え合い学習に関しては，DVD『プロフェッショナル　仕事の流儀　～楽しんで学べ　傷ついて育て』（NHKエンタープライズ）をご覧いただきたい。

 蛇足かもしれないが，英語教室の前には，次のような掲示をしていた。「勘亭流」のフォントを使っていたので，結構気合いが入ると言われた。

英語教室に入る前に

その壱　　忘れ物がないかチェックすべし

必要なものは持ったか確認。教室に忘れていたら，すぐに取りに帰るべし。

家に忘れてしまったら，田尻に英語で報告してから，忘れ物記録簿に何を忘れてしまったかを記入すべし。忘れ物が十個になったら，その次から家に取りに帰らされると覚悟すべし。

他のクラスの友だちに借りるべからず。

宿題を忘れたら，放課後英語教室に来て，その日にすませてしまうべし。いずれにしても最後までやらせられるので，あきらめてなるべく早いうちにやってしまうべし。

> その弐　　気合いを入れて入るべし
>
> 勉強は君たちの仕事。今この瞬間も，保護者は君たちを食べさせるために働いている。自分の買いたいものを我慢し，子どもに飯を食わせ，服など必要なものを買ってやり，小遣いを与える。その親が君たちに期待しているのは，「幸せな人生を送ってほしい」ということ。楽をして幸せになることなどない。努力すべし。英語教室は修行の場。自らを鍛える場である。「楽あれば苦あり」と「苦あれば楽あり」では，どっちがいいか？
>
> 英語の力は集中力を持続できる力，つまり持久力で決まる。気が抜けているとけがをするので注意すべし。服装を正し，深呼吸をして，気合いを入れて入るべし。

6.8. リーダーとは何か？
〜日本の未来を支えるトップ層を育てる〜

　ティーチャー制度では，テストに合格した生徒がティーチャーになる。中には，ティーチャーをかっこいいもの，目立てる存在ととらえて，それを自慢する子もいる。しかし実際には，相手を思いやり，時には我慢し，できたことを一緒に喜ぶのがティーチャーの仕事だ。ティーチャー制度は，リーダーの資質を身につけるねらいもある。
　では，leaderとは何か。
　「たとえば君が大昔の，どこかの村のリーダーだったとする。ある年，日照りが続いて，畑では野菜が何もできなくて，食べ物が全くなくなった。もう，山を越えて食べ物を探しにいくしかない。村の全員で移動することになった。その時リーダーっていうのは，先頭に立つんだな。山には危険な動物がいるかもしれない。道なんかなくて，崖や大穴があるかもしれない。毒蛇がいるかも

しれない。蜂や熊に襲われるかもしれない。それでもリーダーは，先頭に立って，安全な道を見つけながら，食べ物を探して歩いて行く。村の人たちは，リーダーが踏みしめた足跡をたどって歩く。つまり一番危険な目に遭って，怖くて，大変で，それでもみんなのために勇気を持って行動するのがリーダーなんだ。lead は「導く」という意味で，leader とは「導く人」，つまり「道引く人」＝「みんなのために道を引いてあげる人」という意味なんだよ。頭のいい人がリーダーとか偉い人がリーダーと考えるのは間違い。自分を犠牲にして人のために尽くすのが本当のリーダーだから」

　そう言うと，リーダーであることの重さに後ずさりをしても，最後は決意をする。人を引っ張ることより，人を支えようとする意識が出てくる。そして，リーダーとは何ぞやということが分かった時，生徒会の準備が本格的に始まる。生徒会活動が充実している学校は，文武両道で健全な道を行く。そして，いわば総合的な学習の教科書でもある英語の教科書を使って，考える授業をしている学校の生徒は，生徒会に入って頑張ろうとする。

　平和とは，相手の意見に耳を傾け，自分の主張を論理的に行い，お互いが妥協できる着地点を探し出してこそ，成り立つものである。それは，まるで丸太の上に置いた板の上の両端に立ち，お互いの協力でバランスをとるようなものであり，相手と自分を理解した上での，交渉力，言語力が求められる。教え合い学習，学び合い学習，助け合い学習，いろいろな呼び名はあっても，友だちと関わることは，平和を守るためにはどのようなことをしなければならないかを経験することである。

　また，教え合いでは，弱者を思いやる気持ちを高めることも大きな目標である。人を蹴落としても這い上がっていくのが当たり前の社会で，勝ち組，負け組という言葉も生まれた。捨てられた人，切り捨てられた人が，幸せになれるだろうか。悔しさ，虚しさ，惨めさに耐えきれず，自らの命を絶つ人。人を道連れにする人。「日本人は，水と平和はただだと思っている」と言われてきたが，もはや，駅のホームに立っていても電車が入ってくると思わず周囲を見回

してしまう国になってしまった。

　国を変えるには，教育しかない。それぞれの教科で，健全な国，平和な世界を作るための授業作りをしなければならない。知識を植えこむだけの乾いた授業から，生徒の頭と心が動き，もっと知りたい，もっと知ってほしい，だから知識・技能を身につけたいと思う，潤いのある授業にしていきたい。

　自分の言動に責任を持ち，地域，社会に貢献できる global citizen を育てるのが英語の授業の目的。英語ができても，心が豊かでないと，本当の意味で幸せにはなれないし，真の global citizen にもなれない。生徒には，学校生活全体を通して，思考し，判断し，行動し，反省し，改善することを学んでいってほしい。そうすれば社会生活でも，思考し，判断し，行動し，反省し，改善する大人になれる。その先にあるのが，進歩である。そのために英語授業の改革が第一歩となり，学校教育がより健全なものになっていくことを願っている。

《参考文献》

長勝彦編著（1997a）『英語教師の知恵袋　上巻』開隆堂出版
長勝彦編著（1997b）『英語教師の知恵袋　下巻』開隆堂出版
金谷　憲（2009）『教科書だけで大学入試は突破できる』大修館書店
靜　哲人（2002）『英語テスト作成の達人マニュアル』大修館書店
杉田　敏（2009）『実践ビジネス英語』6月号　NHKエデュケーショナル
田尻悟郎（2004）『自己表現　お助けブック』教育出版
田尻悟郎（2008）「私の理想の「英語教室」－教科専用教室のすすめ」（『英語教育』2008年12月号）大修館書店
田尻悟郎（2009）『自己表現　お助けブック　改訂版』教育出版
田尻悟郎，築道和明（2000a）『Talk and Talk Book 1』正進社
田尻悟郎，築道和明（2000b）『Talk and Talk Book 2』正進社
田尻悟郎，築道和明（2001）『Talk and Talk Book 3』正進社
田尻悟郎，築道和明（2007a）『Talk and Talk Light Book 1』正進社
田尻悟郎，築道和明（2007b）『Talk and Talk Light Book 2』正進社
田尻悟郎，築道和明（2007c）『Talk and Talk Light Book 3』正進社
中嶋洋一（1997）『英語のディベート授業30の技』明治図書
中原道喜（2000）『英語長文問題精講』旺文社
茂木健一郎＆NHK「プロフェッショナル」制作班編（2007）DVD『プロフェッショナル仕事の流儀9』NHK出版
吉永みち子（2008）『26の「生きざま！」』日経ビジネス人文庫
若林俊輔，根岸雅史（1993）『無責任なテストが「落ちこぼれ」を作る』大修館書店
Alan Cogen，岡田圭子，嶋林昭治，鈴木充夫（2005）『Leading Companies in the 21st Century』松柏社
John McCaleb（1992）『That's Your Opinion』朝日出版社

【著者紹介】

田尻　悟郎（たじり　ごろう）

1958年，島根県松江市生まれ。
島根大学教育学部卒業。神戸市の公立中学校2校，島根県の公立中学校5校に26年間勤務したのち，2007年4月より関西大学教授。
2009年4月より同大学外国語学部・大学院外国語教育学研究科教授。
2001年10月（財）語学教育研究所よりパーマー賞受賞。学習指導要領改訂協力員，大阪市教育センター『教師養成講座』座長，文部科学省『英語教育改善のための調査研究』企画評価会議委員などを歴任。
著書に『自己表現　お助けブック』，『楽しいフォニックス』（いずれも教育出版），『Talk and Talk Book 1～3』（正進社），『チャンツで楽習！　決定版』（NHK出版）など。
NHK総合テレビ『プロフェッショナル　仕事の流儀』など，テレビ出演も多数。

（英語）授業改革論

2009年11月7日　初版第1刷発行
2014年2月10日　初版第7刷発行

著　者　田　尻　悟　郎
発行者　小　林　一　光
発行所　教育出版株式会社

101-0051　東京都千代田区神田神保町2-10
電話　03-3238-6965　振替00190-1-107340

©G. Tajiri　2009　　　　　　　　組版　ビーアンドエー
Printed in Japan　　　　　　　　 印刷　モリモト印刷
乱丁・落丁本はお取替いたします。　製本　上島製本

ISBN978-4-316-80283-1